MARKETING NA PRÁTICA

CONCEITOS E EXEMPLOS PARA ATUAR NA ÁREA

ADMINISTRAÇÃO REGIONAL DO SENAC NO ESTADO DE SÃO PAULO
Presidente do Conselho Regional: Abram Szajman
Diretor do Departamento Regional: Luiz Francisco de A. Salgado
Superintendente Universitário e de Desenvolvimento: Luiz Carlos Dourado

Editora Senac São Paulo
Conselho Editorial: Luiz Francisco de A. Salgado
Luiz Carlos Dourado
Darcio Sayad Maia
Lucila Mara Sbrana Sciotti
Luís Américo Tousi Botelho

Gerente/Publisher: Luís Américo Tousi Botelho
Coordenação Editorial: Verônica Marques Pirani
Prospecção: Andreza Fernandes dos Passos de Paula, Dolores Crisci Manzano, Paloma Marques Santos
Administrativo: Marina P. Alves
Comercial: Aldair Novais Pereira
Comunicação e Eventos: Tania Mayumi Doyama Natal

Edição e Preparação de Texto: Heloisa Hernandez
Coordenação de Revisão de Texto: Marcelo Nardeli
Revisão de Texto: Karen Daikuzono, Caique Zen Osaka
Coordenação de Arte: Antonio Carlos De Angelis
Capa, Projeto Gráfico e Editoração Eletrônica: Veridiana Freitas
Fotos: Getty Images, Adobe Stock Photos
Impressão e Acabamento: Visão Gráfica

Proibida a reprodução sem autorização expressa.
Todos os direitos desta edição reservados à
EDITORA SENAC SÃO PAULO
Av. Engenheiro Eusébio Stevaux, 823 – Prédio Editora
Jurubatuba – CEP 04696-000 – São Paulo – SP
Tel. (11) 2187-4450
editora@sp.senac.br
https://www.editorasenacsp.com.br

© Editora Senac São Paulo, 2025

Dados Internacionais de Catalogação na Publicação (CIP)
(Simone M. P. Vieira - CRB 8ª/4771)

Lana, Cibele Piazzarolo
Marketing na prática : conceitos e exemplos para atuar na área / Cibele Piazzarolo Lana. – 2. ed. – São Paulo : Editora Senac São Paulo, 2025.

Bibliografia.
ISBN 978-85-396-5215-0 (impresso/2025)
e-ISBN 978-85-396-5216-7 (ePub/2025)
e-ISBN 978-85-396-5217-4 (PDF/2025)

1. Marketing. 2. Segmentação de mercado. 3. Posicionamento de marca. 4. Marketing digital. 5. Pesquisa de marketing – Big Data I. Título.

24-2326c

CDD-658.8
BISAC BUS043000
BUS043060
BUS090010

Índices para catálogo sistemático:
1. Gestão de marketing   658.8
2. Marketing : Administração de marketing   658.8

MARKETING NA PRÁTICA

CONCEITOS E EXEMPLOS PARA ATUAR NA ÁREA

Editora Senac São Paulo – São Paulo – 2ª edição, 2025

Cibele Piazzarolo Lana

apenas para clientes. O homem retrucou, dizendo que estavam apenas esperando um outro amigo para poder consumir.

O funcionário pediu para que eles se retirassem da loja e chamou a polícia. Os homens foram algemados e levados para a delegacia.

As imagens viralizaram nas redes sociais, e a comunidade de consumidores, reconhecidamente uma comunidade muito engajada com a marca, partiu inconformada para cima da rede de cafeteria.

A empresa precisou então se retratar, fechando todas as unidades do país, ou seja, todas as lojas nos Estados Unidos, durante uma tarde, para que seus funcionários recebessem um treinamento sobre racismo e preconceito (O incidente... 2018).

O CLIENTE COMO VOZ DA MARCA

Com voz ativa, o próprio consumidor dissemina suas opiniões sobre as marcas e serviços de forma muito mais rápida, eficiente e barata do que qualquer propaganda. Vaz (2011, p. 124) explica que a exposição da marca, antes definida por uma verba de marketing, hoje é definida pelo capital social que a empresa é capaz de gerar:

Quanto mais a empresa consegue fazer com que o mercado fale (bem) dela, maior é esse capital social – pessoas ligadas à marca e se relacionando com ela – e, portanto, maior a divulgação do produto ou serviço.

SUMÁRIO

7 **NOTA DO EDITOR**

9 **AGRADECIMENTOS**

11 **INTRODUÇÃO**

Capítulo **1**

13 **NÃO PULE, MERGULHE NA HISTÓRIA DO MARKETING!**

14 COMO TUDO COMEÇOU?

Capítulo **2**

19 **MARKETING: DEFINIÇÃO E ANÁLISE DE AMBIENTE**

20 CONCEITO

21 ANÁLISE DE AMBIENTE

Capítulo **3**

29 **O PÚBLICO NA ERA DIGITAL**

30 O CLIENTE NO CENTRO

31 A INVERSÃO DO VETOR DE MARKETING

32 O CLIENTE COMO VOZ DA MARCA

34 MAIS DO QUE CLIENTE, SER HUMANO

36 COMPORTAMENTO DO CONSUMIDOR

43 A JORNADA DE COMPRA NA ERA DIGITAL

46 A EXPERIÊNCIA DO CLIENTE

Capítulo **4**

49 **SEGMENTAÇÃO DE MERCADO E POSICIONAMENTO DE MARCA**

50 O QUE SIGNIFICA "SEGMENTAR"

53 ORGANIZE UM PASSO A PASSO PARA SEGMENTAR SEU PÚBLICO

56 SEGMENTAÇÃO + DIFERENCIAÇÃO = POSICIONAMENTO

Capítulo **5**

59 **PRODUTOS E SERVIÇOS**

61 PRODUTOS TANGÍVEIS

63 PRODUTOS INTANGÍVEIS

63 CARACTERÍSTICAS DOS SERVIÇOS: MUNDO FÍSICO E DIGITAL

Capítulo **6**

69 PRECIFICAÇÃO

70 PREÇO VERSUS VALOR
70 COMO DEFINIR PREÇOS
76 PERSONALIZAÇÃO DE PRODUTOS
77 MOEDAS DIGITAIS

Capítulo **7**

79 A TRANSFORMAÇÃO DOS CANAIS DE MARKETING

81 CANAIS DE DISTRIBUIÇÃO
83 FORMAS DE DISTRIBUIÇÃO
83 COMPREENDA OS CANAIS DIGITAIS DE MARKETING

Capítulo **8**

93 PROMOÇÃO

94 O QUE É PROMOÇÃO?
95 INSTRUMENTOS DE PROMOÇÃO
107 TRANSMÍDIA E CONVERGÊNCIA

Capítulo **9**

109 INBOUND MARKETING

110 NA ERA DIGITAL, O MARKETING PEDE PERMISSÃO
111 O QUE É O INBOUND MARKETING?
120 PLANO DE AÇÃO DO INBOUND MARKETING
122 TENDÊNCIAS DO MARKETING DE CONTEÚDO

Capítulo **10**

125 PESQUISA DE MARKETING NA ERA DO BIG DATA

126 O QUE É A PESQUISA DE MARKETING?
127 POR QUE INVESTIR EM UMA PESQUISA DE MARKETING?
129 AS ETAPAS DE UM PROJETO DE PESQUISA DE MARKETING
131 O QUE É BIG DATA?
132 BIG DATA MARKETING

Capítulo **11**

133 PLANO DE MARKETING

134 ROTEIRO DE UM PLANO DE MARKETING

Capítulo **12**

139 A INTELIGÊNCIA ARTIFICIAL NAS ROTINAS DE MARKETING

140 O QUE É MACHINE LEARNING?

142 APLICAÇÕES DE INTELIGÊNCIA ARTIFICIAL NO MARKETING DIGITAL

143 VOCÊ JÁ OUVIU FALAR EM DISCRIMINAÇÃO ALGORÍTIMICA?

Capítulo **13**

145 MARKETING POR UM MUNDO MELHOR

146 MARKETING HUMAN TO HUMAN

147 MARKETING SOCIAL

148 MARKETING DE CAUSA

Capítulo **14**

151 LEI GERAL DE PROTEÇÃO DE DADOS PESSOAIS

152 O QUE É A LGPD?

153 O QUE MUDA PARA O MARKETING DIGITAL?

154 BASES LEGAIS

155 O QUE MUDA PARA PEQUENAS EMPRESAS?

156 QUAIS SÃO AS PENALIDADES DA LGPD?

156 BOAS PRÁTICAS

157 CONCLUSÃO

161 REFERÊNCIAS

169 ÍNDICE GERAL

NOTA DO **EDITOR**

Na sociedade da informação, novos conteúdos e formatos buscam continuamente a atenção do consumidor, alvo de todo tipo de publicidade. Para o gestor de marketing, o grande desafio é planejar ações que ampliem a venda de produtos e serviços, fortaleçam a marca e fidelizem os clientes.

Nesta publicação, Cibele Piazzarolo Lana delineia estratégias de marketing com base nos conhecidos 4Ps, somando-os à sua experiência de trabalho e aos princípios de marketing digital para trazer informações atuais e acessíveis. Assim é discutida a participação de novos componentes nas campanhas de marketing, bem como sua repercussão no comportamento do consumidor.

Com o objetivo de oferecer conteúdo didático e relevante, o Senac São Paulo espera contribuir com o desenvolvimento de negócios a partir das premissas do marketing, contextualizadas para a era digital.

Aos meus pais, Vanda e Renato, por priorizarem a educação, o amor e a fé em nossa família.

Às minhas irmãs, Cíntia e Cinara, por vibrarem com cada conquista da minha vida.

À Mari, minha amada, por estar sempre ao meu lado e me incentivar a alçar voos mais altos.

Ao Vítor e à Clarinha, meus sobrinhos, minha alegria.

À Marcia Cavalheiro, que tornou este projeto possível.

À Chiara Lubich (in memoriam), por compartilhar um ideal de vida e uma "família" que não me deixa perder a esperança na humanidade.

AGRADECIMENTOS

INTRODUÇÃO

A minha geração, a chamada geração Y, presenciou um período de profundas transformações sociais, tecnológicas e econômicas provenientes da disrupção que a internet causou em nossa sociedade.

No período em que cursei minha graduação e logo que entrei no mercado de trabalho, tive a oportunidade de trabalhar em boas agências de comunicação que desenvolveram, com muito erro e tentativa, as primícias das estratégias de marketing digital, especialmente relacionadas às redes sociais. Integrando equipes digitais de campanhas políticas e varejistas, entre outras, fui testemunha da evolução das ferramentas, suas análises e formas de trabalhar o marketing nesse contexto.

Por isso é uma imensa alegria poder compartilhar esse conhecimento nas páginas que seguem.

Estudar é mesmo algo incrível! Sempre estive imersa no marketing digital e, ao dedicar bastante tempo à leitura e ao estudo dos fundamentos de marketing, retornando às origens da minha formação, percebi que não há nenhum conflito entre o digital e o off-line. Esses conceitos não se contrapõem, mas se atualizam, complementam-se.

Nas próximas páginas, será possível enxergar claramente fundamentos como os 4Ps, segmentação de público, pesquisa, planejamento, papel central do consumidor, estratégias baseadas em valores, etc.

A novidade é que, agora, o complemento do digital vem junto, no mesmo livro. E isso não é comum. Basta olhar as prateleiras de nossas bibliotecas. A bibliografia é extensa, mas distinta: de um lado o digital, do outro o "tradicional". São poucas as obras que enxergam os fundamentos de marketing analisando off e on-line em conjunto.

No mais, escrevendo há tanto tempo para sites, redes sociais e blogs, uma marca do meu texto é estar em constante relacionamento com quem me lê. Eu simplesmente não consigo escrever difícil. Como boa mineira, de família grande, gosto mesmo é de conversa, de detalhar e contar histórias.

Então, convido você a entrar comigo nessa conversa sobre os fundamentos do marketing contemporâneo, a descobrir como conceitos e exemplos se atualizaram ao longo do tempo e como as novas tecnologias impactam nossa área de atuação.

E se, ao longo da leitura, você quiser mesmo bater um papo comigo, pode me procurar nas redes sociais como @cibelelana, seja para dar um ponto de vista diferente, seja para tirar uma dúvida. Estou sempre à disposição!

Boa leitura!

NÃO PULE, MERGULHE NA HISTÓRIA DO MARKETING!

Capítulo **1**

Se este livro está em suas mãos, provavelmente você está se preparando para aprender ou se atualizar com o objetivo de desenvolver boas estratégias de marketing na empresa em que você trabalha, que pode ser, inclusive, o seu próprio negócio.

Por isso, entendo sua ânsia em avançar com rapidez para a parte mais prática e para os conceitos que possam ajudar a pôr a "mão na massa". Estou certa?

Mas, em tempos de tanta fluidez e excesso de informação, o conhecimento não é fácil de ser alcançado. Pense em quantos títulos de notícia você lê por dia para se informar.

Acontece que se apropriar do conhecimento requer um pouco mais de paciência, pesquisa e aprofundamento.

Mesmo que seja tentador simplesmente pular a história do marketing, convido você a mergulhar nesse universo e entender como a essência do marketing ainda sobrevive nessa nossa era digital.

COMO TUDO COMEÇOU?

O marketing como ciência é muito recente em comparação com outras, como a física ou a matemática, por exemplo. Originou-se no começo do século XX e se desenvolveu especialmente a partir de 1950, no período pós-Segunda Guerra Mundial.

De 1900 a 1950, temos indícios de cursos e produções acadêmicas sobre algumas das áreas que integram o marketing de hoje, como produção, distribuição e técnicas de venda – por exemplo, o curso A Distribuição das Safras, ministrado pelo professor Hargety, da Ohio State University, em 1904 (Santos *et al.*, 2009). Muitos concordam, porém, que somente a partir de 1950 os empresários começaram a produzir pensando nos consumidores, em seus desejos e necessidades, e não mais apenas nas regras econômicas do mercado, como oferta e demanda.

É a partir dessa época que o marketing começa a se formar como ciência e a agregar conceitos de outros campos, como sociologia e psicologia. Para Chauvel (1999 *apud* Santos *et al.*, 2009), a escola do behaviorismo foi a primeira a ingressar na área de "comportamento do consumidor".

De 1960 a 1970, especialistas de marketing começam a ser procurados para evidenciar a relação entre os esforços de marketing e os resultados de vendas. Entra em cena também a relação com os dados, referentes a grupos de consumidores e retiradas de estoques, por exemplo (Santos *et al.*, 2009).

> Foi em 1964 que ficou conhecido um dos mais famosos cases de pesquisa de mercado por telefone. Uma montadora de automóveis treinou cerca de 15 mil mulheres donas de casa para ligar para uma lista gigantesca de telefones, perguntando se as pessoas queriam comprar carros. Estima-se que o alcance foi de 20 milhões de pessoas! A partir daí, na década de 1970, o telemarketing invadiu o mundo do marketing (Magarotto, 2016).

De 1970 em diante, as empresas ganham departamentos e diretorias de marketing, passando a influenciar outros setores, como governos, instituições religiosas, organizações civis, etc. Era preciso alcançar e reter consumidores, clientes e cidadãos.

O marketing avança também para a estratégia de pequenas e médias empresas. A partir de 1980, surgem muitos gurus do marketing, entre eles Thomas Peters e Robert Waterman, autores do livro *Em busca da excelência*, que já dava relevo à completa atenção ao cliente. De acordo com Miranda e Arruda (2002 *apud* Santos *et al.*, 2009), nessa época surgiu a escola de pensamento chamada marketing de relacionamento, com foco em lealdade, satisfação e retenção de clientes.

A partir de 1990, o mundo já conhecia os telefones móveis e os microcomputadores, e a TV já havia ultrapassado os jornais como meio de veiculação de anúncios. E eis que entra em cena a internet. E então tudo se revoluciona no marketing: a logística, a distribuição, as formas de pagamento e por aí vai. Marcas e consumidores iniciam uma era de interatividade e relacionamento por meio dos canais digitais.

A combinação entre marketing de pesquisa e marketing de relacionamento permitiu que as marcas se tornassem cada vez mais fortes, com estratégias focadas em públicos-alvo certeiros. Algumas empresas conseguiam dominar quase 50% do mercado em determinadas áreas (Hardy, 2016).

> ! ◯ Em 1993, entrou em cena o que conhecemos como o primeiro browser da internet, permitindo que os usuários da rede acessassem sites. Em 1994, uma empresa de telefonia comprou espaço publicitário em uma revista digital e veiculou o possível primeiro banner na web, apenas com uma frase e um link para o site da campanha.
>
> Em 1997, já havia 70 milhões de pessoas no mundo utilizando a web e os mecanismos de busca on-line (Wainwright, 2017).

A partir dos anos 2000, presenciamos um amadurecimento muito rápido da internet, a popularização dos celulares e a segmentação da TV com o auxílio dos canais a cabo.

Computadores, celulares baratos, internet banda larga e softwares de código aberto deram início ao que Kotler, Kartajaya e Setiawan (2010) chamam de a nova onda de tecnologia. Os consumidores então começam a influenciar as estratégias de marketing e a barganhar com as marcas. Crescem conceitos como marketing de permissão, de Seth Godin, e marketing boca a boca, de George Silverman.

E qual foi o impacto desse avanço estrondoso da tecnologia da informação? Permitiu que as pessoas passassem a interagir e a *ser* conectadas o tempo todo, colaborando entre si. Repare bem, as pessoas não estão conectadas, elas *são* conectadas. Santaella e Mendonça (2014) definem o ser conectado em consequência da hiperconexão que vivemos. Não estamos mais ligados apenas a pessoas, mas a sistemas, a tecnologias.

Nessa "era da participação" – como denominada por Scott McNealy, CEO da Sun Microsystems –, o consumidor é conectado, ativo e "convidado a participar do desenvolvimento de produtos da empresa e de suas comunicações" (Kotler; Kartajaya; Setiawan, 2010, p. 12).

A era da participação ganhou amplitude, claro, com a ascensão das redes sociais. Com uma nova capacidade de expressão e de colaboração, as pessoas passaram a dar opiniões livremente.

Os consumidores ficaram mais bem preparados, e suas decisões de compra passaram a influenciar e a serem influenciadas pela interação com os outros, em redes sociais. Qualquer feedback negativo sobre qualidade ou prestação de serviço passa a ser dado em tempo real para as empresas. O posicionamento do consumidor agora é ativo.

O centro do marketing passa a ser o cliente, agora um ser mais consciente, que não preza apenas pela qualidade do produto ou serviço, mas também anseia por enxergar valor nas organizações que escolhe.

> **Cada vez mais, os consumidores estão em busca de soluções para satisfazer seu anseio de transformar o mundo globalizado num mundo melhor. Em um mundo confuso, eles buscam empresas que abordem suas mais profundas necessidades de justiça social, econômica e ambiental em sua missão, visão e valores. Buscam não apenas satisfação funcional e emocional, mas também satisfação espiritual nos produtos e serviços que escolhem (Kotler; Kartajaya; Setiawan, 2010).**

Ainda, Kotler, Kartajaya e Setiawan (2010) afirmam que, na era do marketing digital, as empresas se diferenciam por seus valores (veja mais sobre isso no capítulo 13, inteiramente dedicado às abordagens do marketing por um mundo melhor).

O marketing human to human (H2H), proposto por Kotler *et al.* (2024), é um exemplo do amadurecimento desse conceito de empresas que atuam mais fortemente ligadas a valores. O H2H é uma prática voltada à cocriação de valor junto ao cliente, com uma comunicação adequada, sem enganações sobre ofertas. Esse tipo de marketing se preocupa com as relações de confiança entre a marca e seus consumidores, focando o relacionamento com o cliente, e não apenas a venda (Coelho, 2022).

Com a inteligência artificial, o marketing centrado no cliente ganhou uma nova camada de inovação. Buscando simular a inteligência humana, a IA passou a ser aplicada em ferramentas, na estratégia e nas rotinas da nossa profissão (Gabriel, 2019). A forma como produzimos conteúdo, por exemplo, já foi revolucionada pela IA.

Além disso, cabe destacar também as mudanças na legislação. Agora o marketing precisa ter medidas de segurança e práticas mais transparentes para coletar e usar dados de seus clientes, observando a Lei Geral de Proteção de Dados Pessoais (ver capítulo 14).

QUADRO 1 – A EVOLUÇÃO DO CONCEITO DE MARKETING

Marketing 1.0	Marketing 2.0	Marketing 3.0	Marketing 4.0
centrado no produto	centrado no consumidor	centrado em valores da empresa	centrado nos valores humanos

Fonte: adaptado de Kotler, Kartajaya e Setiawan (2010).

Diante dessas mudanças, como o impacto da inteligência artifical, o empoderamento do cliente, a disseminação de uma onda de tecnologia e a necessidade de transformar o marketing da empresa em uma estratégia de valor, você se sente uma pessoa preparada para atuar nesse mercado?

O marketing está, sim, em constante transformação. Mas recapitular sua história e passar por seus principais conceitos ainda é essencial para definir estratégias de sucesso.

Agora que já percorremos um pouco dessa história, vamos aprofundar seus conceitos, atualizando cada um deles na era digital?

MARKETING:
DEFINIÇÃO E ANÁLISE DE AMBIENTE

Capítulo **2**

CONCEITO

Após a história que contamos no capítulo anterior, como você definiria o marketing? Pegue um papel, anote algumas palavras-chave e tente formular uma sentença que chegue próximo ao que você entende como marketing.

Não são poucas as definições que encontramos por aí. De célebres referências, como Philip Kotler, aos mais atuais gurus digitais, como Seth Godin, Neil Patel ou Martha Gabriel, diversos autores tentaram definir o que é marketing.

Veja se a sua definição ficou próxima ao que diz Kotler:

> **O conceito de marketing assume que a chave para atingir as metas organizacionais consiste em determinar as necessidades e desejos dos mercados-alvo e oferecer as satisfações desejadas de forma mais eficaz e eficiente do que os concorrentes (Kotler, 1994, p. 34).**

Se você ao menos citou palavras como *necessidade*, *desejo*, *produto* ou *consumidores*, parabéns!

Para aperfeiçoar o conceito, um bom começo é entender o sentido da palavra, que em inglês agrega ao substantivo *market* o sufixo de ação *ing*. Ou seja, é um mercado em constante ação. Uma outra definição, da American Marketing Association (AMA), é esta:

> **Marketing é a atividade e o conjunto de instituições e processos para criar, comunicar, entregar e trocar ofertas que tenham valor para consumidores, clientes, parceiros e sociedade em geral (AMA, 2013, tradução nossa).**

Minha experiência me leva a acreditar que o marketing se baseia em conhecer profundamente o mercado e as pessoas propícias para trabalharem e se dedicarem a seu produto ou serviço, a fim de entregarem uma mensagem útil, relevante e envolvente. Essa mensagem deve despertar no público a necessidade, mesmo que não urgente, de experimentar ou adquirir aquilo que sua marca oferece.

Por isso, ao estudar o marketing, além dos 4Ps (produto, preço, praça e promoção), vamos abordar temas como ambiente interno e externo, público e relacionamento, necessidades e valores. E, para chegar a esses conceitos, vamos refletir: quem é o meu público e como posso falar diretamente com ele? Como posso segmentar esse público? Onde essas pessoas estão inseridas? Quais os desejos dessas pessoas? Quais desafios elas enfrentam no dia a dia? Que produto ou serviço posso oferecer a elas? Que ações devo implementar para viabilizar o projeto? Por quanto tempo? Como posso verificar se a realização do projeto está sendo bem-sucedida?

Ao responder a essas questões, delinearemos o nosso plano de marketing. Vamos falar mais sobre isso no fim do livro, quando tivermos o conhecimento necessário sobre cada uma das etapas que o compõem. Nesse momento, o importante é entender que, para traçar uma estratégia de marketing, precisamos percorrer algumas etapas. A primeira delas consiste em compreender melhor o mercado, o público a quem desejamos atender.

A fim de compreender qual é a atual situação de um negócio ou produto e vislumbrar como o marketing pode ser uma ferramenta para alcançar objetivos, é preciso analisar o contexto no qual estamos inseridos, ou seja, pensar nos ambientes de marketing.

ANÁLISE DE AMBIENTE

Um dos cases brasileiros mais estudados na história do marketing por aqui é o de uma marca de sandálias.

A empresa foi fundada em 1907, e os primeiros calçados da empresa foram produzidos para trabalhadores de lavouras de café. O que por um tempo foi uma boa estratégia de vendas, ao longo dos anos trouxe à marca uma associação de seus produtos às classes mais baixas, dificultando a diversificação de preços.

O modelo de sandálias que é vendido hoje foi criado em 1962, inspirado em um modelo japonês, e logo foi bem acolhido pelo público, razão pela qual outros modelos similares surgiram no mercado.

No entanto, o preço baixo e a associação apenas com um público de baixa renda começaram a render à empresa uma crise financeira.

Foi então que teve início o reposicionamento da marca.

Uma agência de publicidade se empenhou para transformar tudo aquilo que era possível para reconquistar o mercado: as características do produto, a forma de distribuí-lo e divulgá-lo, o preço, etc.

Em vez das antigas três cores disponíveis, em 1994 o produto ganhou mais de quarenta opções e preços mais robustos nas prateleiras. Celebridades começaram a aparecer na televisão usando a sandália e anúncios foram veiculados em revistas de moda.

Em 1995, mais uma boa estratégia. A marca lançou a primeira versão estampada, com florais, em apenas uma cor. Estava aí o começo da grande sacada que impera até hoje: estampas inspiradas em ícones do momento.

Em pouco tempo, a classe média adotou as sandálias da marca, que hoje é o produto brasileiro mais vendido fora do país, já exibido até em pés de celebridades do cinema.

A história dessa marca de sandálias retrata bem o quão importante é conhecer o ambiente em que se comercializa um produto (macroambiente e microambiente). Esse conhecimento vale não só para um reposicionamento, mas também para a concepção da sua ideia ou serviço.

MACROAMBIENTE

Elementos externos, como a economia, a política, a religião, a tecnologia, a concorrência e o cliente, não podem ser alterados por uma ação direta da empresa. Esses fatores compõem o macroambiente.

Um exemplo que temos vivenciado nos últimos anos é a nova formatação dos bancos, com a evolução das tecnologias de internet banking.

Com os aplicativos e novidades a cada dia, garantindo a segurança e a usabilidade de dispositivos móveis, o mercado financeiro tem vivido muitas transformações. Uma delas é o fechamento de agências.

Além disso, com a mudança de foco nos serviços, o marketing também precisou se adaptar, trazendo uma linguagem muito mais próxima da internet, além de um conteúdo que agora praticamente não cita mais as agências.

Ou seja, o marketing precisou se reinventar com a evolução da tecnologia.

Além do ambiente tecnológico, podemos considerar alguns outros (Madruga *et al.*, 2011).

O ambiente sociodemográfico, que agrega as características da população, como faixa etária, renda, gênero, escolaridade, raça, religião, etc.

* **O envelhecimento da população brasileira, por exemplo, pode ser uma oportunidade ou um desafio para a sua empresa?**

O ambiente sociocultural, que abrange costumes, tradições, crenças, valores, estilo de vida, etc.

* **A Copa do Mundo ou o Carnaval podem influenciar sua estratégia de marketing?**

O ambiente político-legal, que influencia a própria existência da empresa, obrigada a estar em conformidade com a legislação vigente.

* **Política ambiental, respeito às patentes e direitos autorais, ou até mesmo privatizações, podem atingir diretamente o seu negócio?**

O ambiente econômico, que leva em consideração fatores econômicos, como crises, inflação e recuperações, e afeta a forma como os consumidores decidem gastar ou não.

* **Prosperidade, recessão, depressão ou recuperação? Em qual estágio o país se encontra e como isso pode afetar o seu mercado?**

O ambiente de concorrência, que pode significar uma concorrência com mercados similares com produtos que competem diretamente; com mercados de produtos substitutos, quando a necessidade do cliente se altera ou a tecnologia provoca mudanças no consumo; ou com mercados por tipo de cliente, ao disputarem a atenção e o poder de compra das pessoas.

MICROAMBIENTE

O microambiente tem variáveis internas e externas. De acordo com Madruga *et al.* (2011), como microambiente externo podemos considerar os elementos que não estão sob o controle direto da empresa, mas que sofrem influência de suas decisões administrativas, assim como podem influenciar essas decisões.

Aqui podemos citar:

* **Mercado →** que se configura como o conjunto de consumidores reais e potenciais, assim definido por Kotler e Armstrong (1998 *apud* Madruga *et al.*, 2011).

* **Intermediários de marketing →** atacadistas, varejistas, representantes de vendas, transportadoras, financeiras, etc.

* **Fornecedores →** que devem ser confiáveis, com produtos de boa procedência.

* **Acionistas →** que podem exercer pressão por mudanças no plano de marketing da empresa, em caso de estratégias fracassadas para o negócio.

Compondo o mix de elementos que podem ser diretamente influenciados pela empresa, estão os elementos do microambiente interno.

Ainda de acordo com Madruga *et al.* (2011), podemos elencar:

- a área de recursos humanos, que tem influência na contratação de perfis profissionais adequados ao negócio;

- a área de recursos financeiros, que deve compreender as demandas de investimento do marketing para, por exemplo, acompanhar a concorrência ou realizar ações inovadoras;

- a área de produção, que deve ser ágil e confiável;

- a localização, que pode contribuir diretamente com o sucesso das ações de marketing, oferecendo mais conveniência e praticidade aos clientes;

- a pesquisa e o desenvolvimento, que auxiliam na percepção de liderança do mercado;

- e, por fim, também a imagem da companhia, que deve ser preservada e trabalhada continuamente.

QUADRO 1 – ANÁLISE DE AMBIENTE

	Subdivisão	Característica	Exemplos
Macroambiente	—	Elementos que não conseguimos controlar, externos à empresa.	Economia, política, religião, tecnologia, concorrência.
Microambiente	Interno	Elementos diretamente influenciados pela empresa.	Áreas de recursos humanos, recursos financeiros, produção; localização, pesquisa, imagem da empresa.
	Externo	Elementos que não estão sob o controle direto da empresa, mas que sofrem influência de suas decisões administrativas.	Mercado (clientes), intermediários, fornecedores, acionistas.

Organizar todos esses elementos e estudar todas as influências que eles exercem, considerando macro e microambiente, é um processo fundamental para a garantia de um plano de marketing de sucesso, como veremos no capítulo 11.

Para facilitar essa análise, existem alguns modelos de planejamento estratégico disponíveis no mercado e desenvolvidos por consultorias e pesquisadores confiáveis.

ANÁLISE DA MATRIZ SWOT OU FOFA

Um bom exercício para pôr em prática o que vimos sobre ambientes é desenhar mapas de análise da empresa.

Uma possibilidade é traçar a análise do ambiente mercadológico. De maneira específica, esse mapeamento envolve todas as variáveis incontroláveis que vimos anteriormente e propõe uma visão de como esses elementos podem interagir com a organização e influenciar as suas decisões e o seu futuro (Oliveira, 2007).

Outra análise bem conhecida é a SWOT (ou FOFA, em português), que avalia forças, oportunidades, fraquezas e ameaças.

Ao pesar forças e fraquezas, vamos levar em consideração o diferencial da empresa em relação aos seus concorrentes: capacitação financeira, rede de distribuição, fornecedores, funcionários, estratégias de promoção, capacidade produtiva, reputação, marketing, etc.

✹ **Quais desses itens são forças e quais são pontos fracos na sua empresa? Como esses elementos podem influenciar suas metas de negócio?**

Por outro lado, quais são as ameaças e as oportunidades que favorecem a empresa ou a impedem de ganhar dinheiro? Qual o cenário econômico, político, ou tipos de fornecedores e clientes?

Vamos pensar em uma pequena empresa de cafés especiais, sediada no Espírito Santo, estado que é um dos maiores produtores do Brasil. A empresa é real, mas o nome fictício.

O empreendedor Ricardo Tavares sempre trabalhou com cafés e tem uma excelente formação em torras, técnica em que é um verdadeiro mestre. Com a venda de uma propriedade da família, Ricardo conseguiu investir em uma máquina de torra e em uma impressora para os pacotes de microlotes especiais. A empresa de Ricardo fica no Espírito Santo, um dos maiores produtores de café do Brasil, e por isso tem acesso a uma diversidade de microprodutores que fornecem matéria--prima de ótima qualidade. Ricardo é muito bom na técnica, é bem comunicativo e tem boa capacidade de oratória para dar cursos, mas não tem muitos dotes para fazer o marketing pessoal e o marketing da empresa.

O escoamento da produção é um pouco difícil, por conta da má qualidade das estradas rodoviárias do Brasil e do alto custo do combustível. Assim, seu mercado fica muito restrito ao estado. Além disso, Ricardo enfrenta diversos concorrentes, a começar pela massificação das máquinas de espresso e o investimento de grandes marcas em cafés especiais. Como seu processo de torra é muito específico e rende cafés de ótima qualidade, que vencem prêmios nacionais e internacionais, o preço não é tão atrativo para qualquer consumidor.

Dado o contexto dessa empresa, como você faria a análise FOFA ou SWOT desse negócio?

FATORES POSITIVOS

FATORES NEGATIVOS

FATORES INTERNOS

FORÇA
STRENGTHS

S

FRAQUEZA
WEAKNESSES

W

FATORES EXTERNOS

O

T

OPORTUNIDADES
OPPORTUNITIES

AMEAÇAS
THREATS

FIGURA 1 – MATRIZ SWOT OU FOFA.

O PÚBLICO NA
ERA DIGITAL

Capítulo **3**

O CLIENTE NO CENTRO

Nos primeiros capítulos, já demos algumas pinceladas sobre como o consumidor ou cliente saiu de uma posição secundária para ocupar o centro da estratégia de um planejamento de marketing. Chegou a hora de aprofundar esse processo.

Para Marchesini *et al.* (2003), o cliente é a razão de ser das organizações de sucesso. E não importa se esse cliente é uma corporação ávida por lucro ou uma organização sem fins lucrativos, uma empresa privada ou pública ou uma pessoa física, contanto que esteja disposto a adquirir bens e serviços e a desembolsar um valor por isso.

Mas como o consumidor chegou a essa posição central?

Essa profunda mudança coincide com o desenvolvimento das novas tecnologias de comunicação. Quando pensamos nos anos 1980, logo temos a imagem de um consumidor sentado no sofá com a televisão ligada, absorvendo passivamente a publicidade, com uma capacidade muito, muito restrita de interação.

Agora pense na década de 1990 e no verdadeiro acontecimento que foi a internet. O consumidor está diante de uma nova tela, a do computador, criando, sugerindo, subindo, baixando. Ele comenta em sites, cria blogs para contar experiências, compartilha imagens e conteúdos com sua rede de amigos, faz download de músicas e documentos.

O salto foi enorme em um curtíssimo espaço de tempo. Em poucos anos, a internet discada ganhou a potência da banda larga, potencializando também toda essa atividade do consumidor.

Para Martha Gabriel (2010), foi justamente a banda larga a origem do crescente poder do cliente no contexto atual do marketing, ao permitir que o consumidor atue, escolha, opine, crie, influencie e consuma de acordo com sua vontade.

A INVERSÃO DO VETOR DE MARKETING

Se antes a publicidade era direcionada da empresa para o consumidor, da marca para o consumidor, na era digital houve uma inversão do vetor de marketing (Gabriel, 2010). Quem é que agora busca a empresa ou a marca e tem autonomia para fazer isso na hora que desejar ou do lugar que bem entender? Sim, o próprio cliente.

Com o aprimoramento da banda larga, os usuários de internet criaram suas redes de comunidades on-line. Esse assunto merece outro livro, dada a complexidade do ciberespaço e de suas relações, mas, em resumo, o importante é que os consumidores ganharam mais força, uniram-se para lutar por suas causas, conversar sobre assuntos comuns, criticar uma empresa, etc.

Os consumidores se tornaram muito mais ativos e querem mudar a sociedade. E é aí que as empresas enlouquecem! Os indivíduos começam a ganhar força, e as corporações precisam se adaptar a essa nova realidade. Afinal, agora seus produtos e serviços são avaliados na internet, e se a equipe de comunicação institucional não está preparada para escutar, dar uma resposta e mudar padrões e valores dentro da empresa, a voz ativa da comunidade de consumidores é capaz de arruinar as vendas e detonar a credibilidade de uma empresa em tempo recorde.

No entanto, o poder do consumidor também se tornou muito benéfico para as corporações. Se essas comunidades funcionam para pressionar as empresas por boas condutas, elas também são aliadas essenciais do marketing na era digital.

> Em meados de 2018, a mais famosa rede de cafeterias dos Estados Unidos, com presença global, se viu em uma situação delicada.
>
> Dois homens negros estavam sentados em uma das lojas da rede conversando, sem consumir nada. Um deles se levantou e pediu ao atendente para usar o banheiro e o atendente recusou, afirmando que o serviço era

! Um exemplo interessante de capital social e cliente trabalhando pelo marketing da empresa aconteceu no fim de 2018, em Belo Horizonte.

Um catador de latinhas, de dreads, bermuda e chinelo, entrou em um bistrô bem chique da cidade, com R$ 50,00 em mãos, querendo comer no restaurante. O garçom prontamente atendeu o homem, mostrou o cardápio executivo e as opções até aquele valor.

O catador de latinhas escolheu um executivo com frango frito com molho barbecue de goiabada, arroz sujo com filé e batata-palha, que custava R$ 49,90.

O dono do restaurante, comovido, mandou servir uma garrafa de vinho e um refrigerante ao cliente. Ao final, o catador disse que fazia questão de pagar a conta, mas o garçom insistiu que era uma promoção da casa, e o cliente pouco usual saiu pagando R$ 10,00 de uma conta que seria de R$ 130,00.

Em uma mesa ao lado, estavam três professoras universitárias que ficaram admiradas com o tratamento do restaurante. Uma delas publicou na internet uma foto que rapidamente viralizou, sendo compartilhada por mais de 2 mil pessoas em menos de 24 horas (Oliveira; Ferreira, 2018).

Em tempos nos quais o consumidor ganhou a centralidade nas estratégias de marketing, o que de melhor as empresas podem fazer é se concentrar em bons serviços, produtos e valores. Assim com certeza serão surpreendidas com a comunidade de consumidores incrementando e completando sua estratégia de marketing espontaneamente.

Outra vantagem dessa inversão do vetor de marketing é que quanto mais o cliente participa ativamente em suas comunidades e se relaciona com a marca, maior é o volume de informações que o profissional de marketing consegue extrair das experiências do cliente. E esses dados são valiosos!

Vaz (2011) afirma que as empresas que se dedicam a escutar, analisar e estudar a opinião de seus clientes conseguem transformar esse volume de dados em uma inteligência sem precedentes para suas estratégias de marketing, tornando as ações muito mais baratas e muito mais assertivas.

MAIS DO QUE CLIENTE, SER HUMANO

No livro *Marketing 4.0: do tradicional ao digital*, Kotler, Kartajaya e Setiawan (2017) propõem uma importante e interessante reflexão. Para eles, a literatura de marketing atual não cansa de colocar o cliente como centro da estratégia, mas muitas vezes os próprios profissionais de marketing esquecem que por trás das interações virtuais com seus consumidores estão seres humanos, que a cada dia se mostram mais por meio das redes, inclusive com suas imperfeições. Seres humanos vulneráveis às manobras de marketing, que entendem que são escaneados para serem "comprados" e que se juntam a comunidades para fortalecer posições.

Digamos que esse não é um cenário muito animador para empresas que não estão dispostas a atuar com transparência e autenticidade e a parar de parecerem perfeitas, afinal até seus consumidores admitem que não o são.

Por isso, Kotler, Kartajaya e Setiawan (2017) defendem que, enquanto no marketing 1.0 o foco era o produto e no marketing 2.0 era o consumidor, a partir do marketing 3.0 o foco são os valores transmitidos pelas marcas.

Mais do que produtos e serviços, agora os consumidores querem encontrar uma identificação de valores com as marcas que escolhem entre um mundo de outras possibilidades presentes na internet dignas da sua decisão de compra.

> **Movidas por valores básicos, as marcas centradas no ser humano tratam os consumidores como amigos, tornando-se parte integral do seu estilo de vida. [...] As marcas precisam demonstrar atributos humanos capazes de atrair consumidores e desenvolver conexões de pessoa a pessoa (Kotler; Kartajaya; Setiawan, 2017, p. 133-134).**

Afinal, o mundo caminha cada vez mais para um cenário de automações, inteligência artificial e machine learning,[1] e nesse cenário parece bem sensato auxiliar o ser humano em sua busca por aquilo que o torna humano.

A troca de experiências, a cocriação e a partilha de valores serão a cada dia mais importantes para o posicionamento de marketing nessa era centrada no ser humano. Deixar que o consumidor se torne protagonista da marca, escutá-lo, despertar nele o que o faz humano são ações essenciais para compreender a essência do público em uma estratégia de marketing.

A ANTROPOLOGIA DIGITAL

O aspecto mais social e antropológico do marketing não pode ser ignorado. Ele mereceria um capítulo inteiro, mas vamos ao menos abordar alguns de seus conceitos principais para complementar o estudo.

A antropologia digital, de acordo com Kotler, Kartajaya e Setiawan (2017, p. 135), pode e deve ser usada para entender melhor "como as pessoas percebem as marcas em suas comunidades digitais e o que as atrai para determinadas marcas".

Os autores apresentam três métodos para que os profissionais de marketing compreendam melhor os anseios humanos: a escuta social, a netnografia e a pesquisa empática, que são especialmente importantes na era digital.

Pela escuta social, o profissional de marketing monitora e traduz em inteligência tudo aquilo que os consumidores falam sobre uma marca na internet. Hoje são inúmeras as ferramentas de monitoramento que auxiliam nesse processo, capturando as menções públicas por meio de palavras-chave e possibilitando a categorização e a análise de sentimento dessas menções. Com a escuta social, as empresas podem decidir desenvolver um novo

---

1 Machine learning, ou aprendizado de máquina, é quando um sistema pode modificar seu comportamento tendo como base sua "vivência", seus aprendizados, de forma autônoma. A interferência humana nesses sistemas é mínima. Basta pensar no Google Tradutor e em como tem trazido resultados cada vez melhores, aprendendo com os usuários. Outro exemplo é o sistema de navegação Waze.

produto, relançar outro, retratar-se em gestões de crise ou investir mais em alguma inovação, por exemplo.

Outro método é a netnografia, que nada mais é do que a transposição da etnografia para as comunidades on-line, com verdadeiras imersões nessas comunidades. Se, no mundo off-line, antropólogos se dispõem a passar meses em um povo indígena para detalhar seus hábitos e costumes, os net-nógrafos se propõem a fazer o mesmo nas "e-tribos", sempre de forma discreta, apenas observando.

Por fim, o método da pesquisa empática envolve uma imersão mais colaborativa com as comunidades. Dessa vez, o profissional de marketing troca ideias com os membros da comunidade, faz brainstorms e dialoga com eles a fim de chegar a insights relevantes.

Todas essas técnicas são de extrema importância, junto a outros tipos de análises para compreender o comportamento do consumidor na era digital.

COMPORTAMENTO DO CONSUMIDOR

Muito do que já discutimos até aqui engloba de certa forma o comportamento do consumidor. Mas agora chegou a hora de nos debruçarmos especificamente sobre esse tema.

Primeiro, vamos aos fundamentos básicos, aplicáveis tanto no marketing off--line quanto on-line.

> A análise do comportamento do consumidor serve para identificar como se comportam as pessoas pertencentes a um determinado mercado (identificado no processo de segmentação de mercado), como selecionam um entre os programas existentes para comercialização e como usam e descartam produtos ou serviços disponíveis (Oliveira, 2007, p. 146).

Não só Oliveira como muitos outros estudiosos de marketing elencam como elementos que influenciam o comportamento do consumidor os fatores socioculturais, pessoais e psicológicos.

FATORES SOCIOCULTURAIS

Fatores socioculturais são características de consumo que podem mudar de uma região geográfica para outra por contemplarem valores, comportamentos e percepções do público-alvo. Cultura e estratificação social influenciam o dia a dia das pessoas e seus comportamentos de compra, cotidianos ou sazonais. No Brasil, isso pode ser percebido se compararmos hábitos de estados de regiões diferentes e até em uma mesma cidade. Por se tratar de um país de realidades muito distintas, os fatores culturais são também diversos, devendo-se levar em conta tal complexidade na análise das características de consumo.

Os fatores socioculturais englobam também as relações sociais, que, como a publicidade logo descobriu, influenciam o comportamento do consumidor na hora da decisão de compra. Por isso, os marketeiros estão sempre atentos aos perfis de relacionamento do seu público-alvo e utilizam mensagens diretas ou indiretas com base nesse conhecimento, evocando a confiança em nossas relações sociais.

Outro tipo de influência mais indireta vem dos influenciadores, personalidades como artistas ou esportistas, que, por sua história de vida ou apenas por serem celebridades, influenciam nossas decisões de compra (veja o boxe da p. 38). Eles transmitem a ideia de que o produto deve ser realmente bom, já que é anunciado por quem tem fama ou dinheiro, ou quem sabe uma história de vida de perseverança e vitória.

FATORES PESSOAIS

Imagine que você faz parte da equipe de marketing de uma agência de viagens e precisa desenvolver produtos para diversos públicos. Quais mensagens você agregaria a pacotes de viagem para um público sênior, para um público de casais com filhos ou para um grupo de jovens formandos?

Muito provavelmente, para um público mais sênior, seria essencial reforçar a segurança e o conforto da viagem, com a presença inclusive de um acompanhante durante o roteiro. Para os casais com filhos, seria importante incluir informações como locais amigáveis para crianças, recreações e ambientes para relaxar. Para os jovens formandos, pacotes com turismo de aventura, algumas festas e um destino bem animado para comemorações.

Considerar a idade e o estágio de vida dos nossos clientes é essencial para atribuir características adequadas aos produtos. Adultos mais seniores prezam

INFLUENCIADORES DIGITAIS

Com presença ativa na internet e especialistas em determinado assunto, como moda, viagens, autoajuda, mundo fitness, etc., os influenciadores digitais criam verdadeiras comunidades de seguidores dispostos a seguir suas dicas, trocar informações e construir relacionamentos digitais.

Um exemplo muito interessante da era digital são os booktubers. Esses influenciadores gravam e transmitem vídeos pelo YouTube com diversas dicas de leitura e às vezes explorando os pormenores de obras e coleções em voga no mundo da literatura, tornando-se verdadeiras celebridades entre seus seguidores. Não raramente, nas feiras de livros e bienais, há uma correria de gente atrás dessas celebridades da web.

Demos o exemplo dos booktubers, mas mais famosos ainda são os influenciadores de viagem, moda ou qualidade de vida/mundo fitness no Instagram, no TikTok e nos shorts do YouTube.

Essas celebridades do mundo digital chegam a cobrar fortunas para fazer postagens em nome de uma marca – quase sempre identificadas como publicidade, para não enganar seus fãs –, estratégia que os profissionais de marketing têm privilegiado em seus planejamentos. Afinal, a relação de confiança se destaca na hora de decidir por uma compra.

No entanto, na hora de escolher um influenciador para uma estratégia de marketing, lembre-se de buscar alguém que tenha alinhamento com a identidade da sua marca e com os valores da sua empresa. E atenção: deixe pronto um plano de contingência para uma gestão de crise. Caso a pessoa influenciadora se envolva com alguma polêmica (que envolva diretamente a sua marca ou não), você estará um passo à frente para lidar com a situação.

pela segurança e por garantias, casais com filhos querem diversão para as crianças, mas também certo descanso para um estágio da vida que demanda tanto, e jovens são mais desbravadores, gostam de explorar e se divertir.

Outros fatores pessoais a serem considerados são as circunstâncias econômicas e o estilo de vida, um muito ligado ao outro.

O comportamento do consumidor será definitivamente influenciado pela sua ocupação e posição na sociedade. Um advogado de um grande escritório e que preza pela carreira comumente faz escolhas de acordo com estilo de vida e status, com boas roupas, carros, etc. Pode até ser que ele não se importe com marcas mas preze pela qualidade, assim como um auxiliar de serviços gerais pode não ter condição econômica para comprar bens de luxo, mas preza pelo lazer no fim de semana, como uma pizza com a família ou uma ida à praia.

FATORES PSICOLÓGICOS

Vimos como os estudiosos de marketing se apropriam de estudos da área da antropologia para compreender o comportamento do consumidor. Da mesma forma, esses profissionais também vão fundo em teorias da psicologia para compreender melhor as decisões de compra de seus públicos.

A todo momento somos estimulados por elementos externos, provenientes do marketing ou não, que influenciam nosso comportamento e decisões de compra. O profissional de marketing precisa estar bem atento a essas respostas, especialmente às psicológicas, para criar campanhas de sucesso.

De acordo com Kotler e Keller (2012), são cinco os fatores psicológicos que refletem nas decisões de compra: motivação, percepção, aprendizagem, emoções e memória.

1. MOTIVAÇÃO

Como consumidores, temos nossas necessidades, fisiológicas ou psicológicas. E essas necessidades se transformam em motivação quando sentimos o impulso de agir para resolvê-las. Dois exemplos bem simples. No primeiro, você está caminhando na rua, debaixo de um sol escaldante, e sente muita sede. Sua necessidade fisiológica se torna uma motivação para que você decida parar e comprar uma água. Em outro momento, você se apaixona muito por uma pessoa e se sente feliz. Sua felicidade o motiva a comprar um presente para demonstrar seu afeto pela pessoa amada.

2. PERCEPÇÃO

Depois de motivado, o consumidor está pronto para agir. A ação pode ser diretamente influenciada pela percepção que ele tem da situação, no contexto em que se encontra. Então, ao entrar em um restaurante para saciar a fome, ele pode desistir por não gostar do ambiente do restaurante, ou se sentir à vontade e decidir ficar no local.

3. APRENDIZAGEM

Assim como as experiências de vida nos levam ao aprendizado, nossas experiências de consumo também. Por isso, os profissionais de marketing precisam ficar bem atentos a como o consumidor reage à experiência de compra e trabalhar essa etapa levando em consideração os impulsos recebidos, os sinais decifrados e como reforçar os sentimentos positivos.

4. EMOÇÕES

Nossas reações, além de racionais, podem evocar muitos sentimentos. Não deve ser difícil imaginar uma marca que traz confiança, outra segurança, ou ainda prazer. Ao pensar uma campanha, os profissionais de marketing devem buscar despertar sentimentos no consumidor.

5. MEMÓRIA

Todas as associações que fazemos com uma marca acabam se relacionando com a nossa memória de longo ou curto prazo. Ao criar a imagem de uma marca, o marketing deve pensar em como as pessoas podem associá-la a sentimentos, experiências, crenças e atitudes, a fim de que a marca seja lembrada pelo consumidor.

Para compreender bem tais motivações, os profissionais de marketing estudam, de maneira geral, duas teorias psicológicas sobre motivação humana.

Teoria de Freud. Sigmund Freud ficou mundialmente conhecido por seus estudos sobre o inconsciente. Ele acreditava que muitas de nossas ações são influenciadas por questões mais profundas do que aquelas que simplesmente enxergamos. Por isso, o marketing investe em associações às vezes imperceptíveis aos consumidores, mas que provocam reações. Para exemplificar, citamos o formato fálico das embalagens de desodorante, que podem impulsionar associações mais fortes de conquista, despertando o inconsciente da nossa fase fálica, dos 3 aos 6 anos, quando descobrimos nossos órgãos genitais. Outro exemplo são as marcas de chocolate que apostam em campanhas que evidenciam a boca. Em nosso primeiro ano de vida, descobrimos o prazer relacionado à boca, e essas imagens podem despertar nosso inconsciente dessa fase, levando-nos à decisão de compra.

Teoria de Maslow. Abraham Maslow apresentou ao mundo uma famosa pirâmide, de acordo com a qual o homem é movido pelas necessidades mais básicas, como as fisiológicas, e depois avança para as menos urgentes. Então, em primeiro lugar, somos motivados a suprir nossas necessidades como água, comida e abrigo; depois, com elas supridas, passamos para as motivações de segurança, depois para as necessidades sociais, depois de estima e, por fim, as de autorrealização.

O NEUROMARKETING

O estudo da psicologia sempre foi muito importante no marketing. Nos últimos anos, vimos surgir uma nova área de estudo que aplica não só a psicologia mas também a neurociência aos conceitos de marketing, dando forma ao que conhecemos hoje como neuromarketing.

Se antes as análises psicanalíticas do comportamento do consumidor se baseavam apenas em análises subjetivas e clínicas, agora, com a ajuda da tecnologia e especialmente da ressonância magnética, as decisões de compra podem ser avaliadas profundamente, com base em respostas do cérebro interpretadas por máquinas potentes.

Portanto, é essencial que o profissional de marketing se familiarize com o neuromarketing. Nas palavras de um dos maiores estudiosos da área, Roger Dooley (2006, tradução nossa):

> **Neuromarketing é a aplicação da neurociência ao marketing. O neuromarketing inclui o uso direto de imagem cerebral, escaneamento ou outra tecnologia de medição de atividade cerebral para medir a resposta de um sujeito a produtos específicos, embalagens, publicidade ou outros elementos de marketing. Em alguns casos, as respostas cerebrais medidas por essas técnicas podem não ser conscientemente percebidas pelo sujeito; portanto, esses dados podem ser mais reveladores do que a autoavaliação em pesquisas, em grupos focais e similares.**

O neuromarketing já desenvolveu algumas teorias que influenciam fortemente o marketing na hora de considerar o comportamento do consumidor:

- **Psicologia das cores →** associa cores a sentimentos. A escolha da paleta de cores pode influenciar a percepção das pessoas a respeito da marca ou do produto.

- **Gatilhos mentais →** diante de tantos estímulos, o cérebro precisa agir rapidamente. Por isso, profissionais de marketing utilizam técnicas de linguagem que trazem à tona a exclusividade, o senso de urgência, as edições limitadas e quantas pessoas já compraram determinado produto.

- **Ancoragem de preços →** o cérebro toma decisões com base em comparações e raramente consegue decidir com uma estratégia isolada de preço. Por isso, não raramente, vemos as opções de 2 por 1 ou 5 por 3.

- **Oferecer poucas opções →** o neuromarketing já comprovou que opções em excesso podem causar uma paralisia nos consumidores. Aqui, vale o ditado popular: menos é mais.

A JORNADA DE COMPRA NA ERA DIGITAL

Outra forma de entender o comportamento do consumidor é analisar sua jornada de compra. Se antes um consumidor era impactado por uma propaganda na televisão ou no rádio e ia a um shopping em busca de uma loja, com a internet esse comportamento sofreu algumas alterações.

Agora, o cliente pesquisa e compara sem precisar sair de casa, utilizando meios físicos e digitais para se decidir pela compra, que será efetuada em loja física ou e-commerce.

O capítulo 9 deste livro é dedicado ao tema do inbound marketing, mas já vamos abordar aqui um pouco como se dá a jornada de compra do consumidor, para que seja um elemento a mais na hora de entender o comportamento do público no mercado atual.

A jornada de compra nada mais é do que a compreensão das etapas pelas quais o consumidor passa antes, durante e depois do processo de consumo. Isso porque nosso cliente atual está muito mais proativo e muito mais analítico, graças ao turbilhão de informações que pode encontrar na internet sobre seus produtos ou serviços de desejo.

CONHECIMENTO

A primeira etapa é a do conhecimento. Aqui, o consumidor não tem ideia ainda do produto ou serviço de que necessita. Ele expressa uma dúvida, pergunta a amigos e faz buscas na internet para entender como resolver. Geralmente utiliza palavras-chave de busca ou faz perguntas sobre como fazer, como posso, onde encontrar, etc.

Vamos explicar a jornada pensando em uma personagem fictícia. Então, conheça a Luciana, de 32 anos, mãe solo do Pedro, de apenas 1 ano. Luciana é formada em administração e sempre trabalhou fora. Mas sempre sonhou em ser empreendedora. Por isso, começa a perguntar a amigos e familiares e faz buscas na internet sobre como conciliar a maternidade com o empreendedorismo e modelos de negócio que lhe permitam enfrentar o desafio de muitas mulheres brasileiras, que é o de vivenciar a maternidade e ter independência financeira.

É então que ela encontra um artigo de blog com o título "10 modelos de negócio para manter a independência financeira com a chegada da maternidade". No artigo, ela lê sobre serviços e empresas no modelo de microfranquia, em que é possível montar o negócio dentro da própria casa. Uma das microfranquias que ela encontra é a Beleza em Casa (nome fictício).

CONSIDERAÇÃO DA SOLUÇÃO

Nessa fase, mais consciente do seu problema ou "dor", o consumidor começa a buscar soluções e a avaliar cada uma delas, fazendo comparativos.

Após ler aquele artigo interessante, Luciana descobre alguns modelos de microfranquia na área de estética, como a Beleza em Casa, que podem ser gerenciados de casa e trazem um bom retorno financeiro. E Luciana tem muita afinidade com essa área de saúde e estética.

Então, ela monta uma planilha simples e começa a comparar os custos de investimento, consegue informações de outras pessoas envolvidas com esses negócios para buscar avaliações e entra em contato com cada uma para entender melhor como tudo funciona.

Nessa fase, Luciana encontrou um texto da Beleza em Casa com o título: "Veja 5 depoimentos de mães empreendedoras de sucesso". A identificação de Luciana com os depoimentos de mulheres que empreenderam na microfranquia foi imediata.

DECISÃO

Agora, sim, o consumidor está pronto para tomar uma decisão. Nessa fase, a empresa ou a marca precisa mostrar seus diferenciais em relação aos concorrentes e gerar no consumidor a certeza de que o seu produto ou serviço é a escolha certa.

Pesquisando mais, agora especificamente sobre a Beleza em Casa, Luciana se deparou com um anúncio no Instagram que levava ao artigo "10 motivos para investir na Beleza em Casa". O artigo mostrava benefícios financeiros, destacava a qualidade de vida e a possibilidade de flexibilidade para quem está vivenciando a maternidade. E, no fim, deixava alguns contatos de franqueadas para quem quisesse conversar sobre o negócio.

Luciana conseguiu inclusive marcar um encontro com uma delas e passou um dia acompanhando sua rotina profissional. Pronto! Foi a tacada certa para que Luciana entrasse em contato com a gestora do negócio e começasse a investir na microfranquia.

FIDELIZAÇÃO

Mas será que a jornada da Luciana acabou por aí? Não mesmo! O maior erro que a Beleza em Casa poderia cometer seria encarar a missão como cumprida e abandonar Luciana.

Agora é a hora de fidelizar o cliente e estabelecer com ele um relacionamento próximo, tão próximo que possa transformá-lo em um defensor e promotor da marca (Castro, 2022).

O marketing de relacionamento é uma ótima ferramenta para essa fase da jornada. Estabeleça como você vai continuar o contato com o cliente para oferecer novidades, conteúdos relevantes e novos produtos e mantê-lo por perto. Faça uso de e-mail marketing, conteúdos em blog, mensagens em redes sociais, etc.

No nosso exemplo, se Luciana vivenciar um bom processo de implementação da franquia e no período seguinte continuar tendo o suporte necessário de gestão e marketing da sua franqueadora, a Beleza em Casa, certamente poderá indicar a franquia para amigas ou mesmo expandir os negócios.

O atual desafio é entender que a compra não é o objetivo final de uma empresa (Coelho, 2022). O objetivo de toda empresa deve ser o relacionamento com o cliente. É este relacionamento que traz mais vendas e deixa a operação mais barata. Como? A fidelização retém clientes e faz o custo de aquisição de clientes (CAC) valer o esforço e o alto investimento, na medida em que estimula o cliente a consumir outros produtos, aumentando o seu *lifetime value* (LTV).

Como se pode notar, a jornada de compra que apresentamos foi toda marcada por conteúdos específicos para o comportamento do consumidor em determinada fase. Com um planejamento de conteúdo, nossa franquia de exemplo, Beleza em Casa, conseguiu aparecer em buscas na internet feitas por Luciana em momentos diferentes.

Essa é apenas uma das estratégias do marketing de conteúdo no ambiente digital. Ao identificar o comportamento do consumidor em sua jornada de compra, é possível oferecer a ele conteúdos estratégicos, como vídeos, artigos de blog, e-books e white papers, capazes de nutrir sua atenção pela marca e levá-lo a uma decisão baseada em conteúdo útil e relevante, como veremos no capítulo 9, com mais detalhe.

A EXPERIÊNCIA DO CLIENTE

Já que tocamos no tema da fidelização e do relacionamento com o cliente, não podemos deixar de dar uma breve pincelada sobre *customer experience* (CX), ou experiência do cliente.

Importante ponto de contato com o marketing, esta disciplina é um universo em si e mereceria um livro inteiro. No entanto, aqui, apresentamos apenas uma breve conceituação e algumas atribuições da área para que o seu conhecimento se mantenha atualizado.

Segundo Lipinski (2020), a experiência do cliente "se refere à impressão que uma empresa deixa em cada um dos seus clientes". Coelho (2022) acrescenta que CX é o conjunto de percepções que o cliente desenvolve antes, durante e depois de ter contato com uma marca.

A seguir, apresentamos algumas atribuições que englobam a experiência do consumidor, com base em Coelho (2022).

QUADRO 1 – EXPERIÊNCIA DO CONSUMIDOR: SIGLAS E DEFINIÇÕES

Sigla	Definição
CX	Sigla para *customer experience*. Engloba a experiência completa de um cliente em todos os pontos de interação com uma marca. Essa experiência é marcada por impressões, percepções, sentimentos e memórias em relação à marca ao longo da jornada.
UX	Sigla para *user experience*, ou experiência do usuário. Contempla a experiência do cliente com produtos e serviços físicos ou digitais e seu objetivo é tornar essa experiência sempre mais desejável, eficiente, intuitiva e atrativa. Muito utilizada para a navegação em sites e aplicativos, que deve ser sem barreiras, fácil e compreensiva.
CS	Sigla para *customer success*, ou sucesso do cliente. É a estratégia usada para garantir que os clientes sempre alcancem seus objetivos com a compra feita. CS prevê problemas que podem atrapalhar a experiência do cliente e certifica que a solução adquirida está de fato entregando o que prometeu.
CRM	Sigla para *customer relationship management*, ou gestão de relacionamento com o cliente. É uma estratégia geralmente atrelada a um software para gerenciar a relação com um cliente. O CRM automatiza e organiza processos, reduzindo custos e aumentando o lucro quando bem-sucedido.

A principal compreensão que um profissional de marketing deve ter sobre experiência do cliente é que cada etapa da jornada precisa ser projetada para proporcionar uma boa experiência ou, quem sabe, uma experiência memorável. Isso até tem um nome, você sabia? É uma estratégia *customer centric* (centrada no cliente).

Não importa se você está no time de marketing, de vendas ou pós-vendas. Tudo deve girar em torno de boas experiências para o cliente!

Algumas grandes empresas fazem isso muito bem, mas conto para vocês um exemplo que aconteceu comigo. Tenho uma médica que sempre me pede medicamentos manipulados e indica uma farmácia onde posso encomendá-los. Mas a experiência com essa farmácia sempre foi sofrível, apesar de o produto chegar em ótimas condições e no prazo.

O que me incomodava era a experiência. Eu sempre precisava fazer o pedido por e-mail, tirar a foto do pedido médico e enviá-lo como anexo. O e-mail era respondido uns dois dias depois, com o orçamento. Quando eu respondia que queria fechar, lá se iam mais dois dias para que chegasse outro e-mail perguntando qual seria o meio de entrega e pagamento. Depois, novas trocas de e-mail até chegar ao valor final e uma chave Pix.

Mesmo depois de fazer vários pedidos a essa farmácia, o processo era sempre igual, ainda que eu pedisse, no primeiro e-mail, para acrescentarem o frete no valor total.

Foi então que decidi testar outra farmácia do bairro. Liguei lá e uma atendente muito simpática me disse que eu poderia continuar o atendimento por WhatsApp para facilitar o envio do pedido médico. O atendimento virtual começou com um chatbot muito bem personalizado, com opções claras, que me conduziram em poucos segundos a um atendimento humanizado apenas para receber o link de pagamento final.

O medicamento chegou igualmente no prazo e em ótimas condições. Mas a minha experiência foi completamente diferente. Em qual das farmácias vocês acham que continuei a comprar?

Gabrielle Cazé (2024) nos dá sete dicas para uma estratégia centrada no cliente:

1. Conheça seu cliente profundamente. Entenda o seu perfil de consumidor, desejos e objetivos.

2. Tenha lideranças que abracem e implementem uma cultura centrada no cliente.

3. Utilize diferentes canais de relacionamento, com um atendimento omnichannel para melhorar o fluxo e a qualidade da comunicação com o cliente.

4. Tenha um atendimento humanizado. Assim o cliente se sente especial e mais próximo da sua empresa. Use a automação apenas nas interações iniciais.

5. Mapeie a jornada do cliente e crie ações para melhorar a experiência dele em cada ponto de contato.

6. Utilize análise de dados. Avalie as informações deixadas pelos clientes em cada etapa da jornada, descubra o que os deixa insatisfeitos e como reconquistá-los.

7. Acompanhe o desempenho e faça pesquisas. Receba feedback de clientes sobre produtos e serviços e utilize essas informações para melhorar a experiência.

Vale a pena aprofundar seus estudos sobre experiência do cliente!

SEGMENTAÇÃO DE MERCADO E POSICIONAMENTO DE MARCA

Capítulo **4**

O QUE SIGNIFICA "SEGMENTAR"

A segmentação de mercado é um dos fundamentos mais importantes do marketing, e isso não mudou com a era digital. Muito pelo contrário. Com as ferramentas da internet, segmentar ficou ainda mais estratégico.

Nós já vimos diferentes características e nuances do público. Segmentar significa dividir esse público em pedaços menores para obter mais sucesso na comercialização dos nossos produtos e serviços.

Ao segmentar, reunimos consumidores com características e necessidades comuns, tratando-os como se fossem iguais.

Com tamanha diversidade de público em nossa sociedade, é impossível que uma empresa satisfaça a todos. Afinal, mesmo que uma massa de gente queira comprar carros, alguns o querem pelo status, outros pela praticidade. Em um mesmo negócio, você pode ter de atender necessidades de grupos diferentes, dentro de um mesmo público. Por isso, para que sua estratégia de vendas seja atrativa, converta e fidelize clientes, é bom que você conheça bem o seu consumidor e fale a mesma língua que ele.

Antes de conhecermos os segmentos que você pode considerar em sua estratégia, vale uma lembrança curta e importante: é preciso sempre segmentar pessoas, e não produtos (Vaz, 2011).

TIPOS DE SEGMENTAÇÃO

Com o advento da internet, os tipos de segmentação ganharam mais ferramentas de identificação, mas de certa forma continuam a obedecer aos mesmos conceitos. Para compreendê-los, vamos dar voz a renomados estudiosos do marketing.

Para Kotler e Keller (2012), a segmentação de marketing pode ser: geográfica, demográfica, psicográfica e comportamental. Cada uma, por sua vez, abrange diversas estratificações.

- **Segmentação geográfica →** divide o público de acordo com sua localização. Podemos considerar países, estados, cidades, regiões ou bairros. Nunca se esqueça das diversidades locais e culturais ao selecionar mais de uma localização geográfica.

- **Segmentação demográfica →** idade, sexo, renda, geração, classe social.

- **Segmentação psicográfica** → considera diferentes perfis de estilo de vida, ou seja, interesses, opiniões, atitudes cotidianas.

- **Segmentação comportamental** → baseada em conhecimento, atitude, uso ou resposta a um produto ou serviço. Essa segmentação possui estratificações muito utilizadas na segmentação de mercado, já que por vezes é o comportamento que determina a decisão final de compra. Vamos conhecê-las a partir de alguns exemplos:

  - **por ocasião:** quando os consumidores aproveitam ocasiões para comprar, como adquirir passagens em baixa temporada;

  - **por benefício:** compradores de relógios inteligentes podem adquiri-los por causa de diferentes benefícios, como acompanhamento de atividades físicas, experimentação de tecnologia vestível, praticidade pela integração com o celular;

  - **pelo status do consumidor:** estudantes de cursinho mais direcionados a compras futuras de livros acadêmicos;

  - **pelo índice de utilização:** conforme frequência de consumo, como o comportamento brasileiro de usar roupas brancas na virada do ano;

  - **pelo estágio de prontidão:** interesse por produtos que ainda não conhecem e com poucas informações sobre eles – em relação a produtos tecnológicos, esse público é chamado de *early adopters*, por gostarem de experimentar a tecnologia em primeira mão;

  - **pelo status de fidelidade:** consumidores fiéis a uma marca, divididos entre algumas marcas, que sempre mudam de marcas ou que não confiam em nenhuma delas.

Após identificar os segmentos de mercado mais atrativos para a sua empresa, combinando algumas segmentações, como geográfica, demográfica e comportamental, ainda é preciso um pouco mais de estudo. Afinal, de que adianta segmentar e obter um público muito pequeno, ou um segmento para o qual você não tem logística de entrega?

De acordo com Patel (2019b), os segmentos devem atender a algumas exigências, como homogeneidade (ter um conjunto de características em comum); mensurabilidade (capacidade de analisar dados sobre aquele segmento); acessibilidade (acessível para toda a equipe de marketing e vendas); e substancialidade (o segmento pode ser explorado para que a empresa obtenha ganhos rentáveis).

E não se engane: segmentar público dá um trabalhão mesmo, ainda mais considerando fatores comportamentais e psicográficos. Mas esse é um trabalho válido, já que a relação entre o perfil psicológico e a forma como consumidores escolhem e compram fornece insights poderosos para estabelecer estratégias de marketing (Lima *et al.*, 2012).

PERSONAS

Esses dados de comportamento, localização, gênero, estilo de vida, renda, etc. (ainda mais acessíveis com ferramentas digitais como Google Analytics e ferramentas de inbound marketing) permitem que criemos as chamadas *personas*: personificações mais realistas de uma segmentação de público, a fim de potencializar a estratégia.

Patel (2019b) afirma que "a persona é a representação fictícia do seu cliente ideal". Isso porque utilizamos dados reais sobre comportamento, características demográficas, questões pessoais, objetivos, desafios, dores e preocupações coletados em entrevistas ou outros bancos de dados e construímos um perfil de público representado em um personagem para exemplificar nosso consumidor e chegar a insights importantes.

Na internet, é possível encontrar diversas ferramentas de construção de personas. Em quase todas elas, você pensará em um nome para o seu personagem, bem como idade, ocupação, hábitos, gostos, etc. É importante ser realista.

ACESSE O GERADOR DE PERSONAS E VEJA COMO FUNCIONA EM: HTTPS://GERADORDEPERSONAS.COM.BR/.

Defina características físicas e psicológicas. Pense em como seu personagem se informa cotidianamente. Quais canais ele utiliza para isso? Quais assuntos despertam mais seu interesse? Além de trabalhar, quais são suas outras atividades cotidianas, como esportes ou academia? Na vida profissional, quais são seus maiores desafios, suas dores com relação à sua atuação nos negócios? E não se esqueça de pensar em como a sua solução (produto ou serviço) pode ser útil para resolver as dores e desafios da persona.

No capítulo 9, vamos ver como essa descrição auxilia na construção da jornada do cliente e na produção do marketing de conteúdo, como base para a aquisição de um público altamente qualificado para o seu ambiente de negócio.

ORGANIZE UM PASSO A PASSO PARA SEGMENTAR SEU PÚBLICO

Vamos ver um passo a passo de como segmentar o seu público, baseado em Patel (2019b). Esse passo a passo vale para segmentações on-line ou off-line.

1. Defina seu objetivo de negócio com relação ao público. Na maioria das vezes, pode ser a venda de um produto ou serviço; em outras, o objetivo pode ser uma maior consciência de marca.

2. Identifique os recursos necessários. Nesse passo, podemos pensar em recursos humanos ou ferramentas para desenvolver a estratégia. Você precisará de mais gente na equipe? Um software seria bem utilizado?

3. Colete os dados. Busque sempre fontes confiáveis para dados geográficos e demográficos junto a instituições de pesquisa com credibilidade. Para definir os parâmetros comportamentais, recorra a pessoas que tenham bastante conhecimento sobre aquele público, faça entrevistas com perfis de consumidores e utilize ferramentas como o Google Analytics e outras para observar o comportamento do público ao navegar pelo seu site.

4. Selecione um método e crie um modelo. Retome os tipos de segmentação e veja qual deles é o mais apropriado ao seu objetivo de negócio.

5. Combine os dados. Refine as pesquisas e combine os dados coletados para começar a dar forma aos seus segmentos de público. Detalhe bastante o perfil.

6. Crie suas personas. Lembre que um público pode ter diversos segmentos e cada segmento pode ter mais de uma persona. Siga os conceitos que apresentamos no tópico anterior sobre personas e construa as suas.

7. Monitore as mudanças. Comportamentos mudam. Por isso, programe-se para reavaliar a sua estratégia a cada seis meses.

CONSIDERE A INFLUÊNCIA DAS SUBCULTURAS DIGITAIS

Antes de finalizar esta parte sobre segmentação e partir para o posicionamento de marketing, achamos importante trazer para você um estudo presente no livro *Marketing 4.0: do tradicional ao digital*, de Kotler, Kartajaya e Setiawan (2017).

Segundo os autores, três grandes segmentos vêm ganhando força no ambiente digital, tornando-se influenciadores de público. Esses segmentos ditam tendências, disseminam conteúdo e formam comunidades on-line que, se conquistadas, podem funcionar muito bem como advogados de uma marca.

Esses segmentos são os jovens, as mulheres e os netizens (ou cidadãos da internet). Se por muito tempo a cultura dominante, com autoridade e poder, pertencia aos mais velhos, aos homens e aos habitantes da cidade, com a internet as minorias opostas a esses segmentos começaram a ganhar força e influenciar a cultura dominante.

JUVENTUDE → CONQUISTE SUAS MENTES

Hoje em dia são os jovens, com sua agilidade e facilidade em acompanhar as mudanças do mundo digital, aqueles que ditam tendências.

Algumas características acompanham os jovens e fazem deles um segmento de influência no mundo digital: a capacidade de experimentar novos produtos e correr riscos como *early adopters*; de lançar tendências e serem imediatistas; e de promover mudanças, especialmente ao colaborar e promover transformações no mundo com impacto social e ambiental. Como exemplo, temos o envolvimento dos jovens brasileiros em organizações não governamentais como a TETO, que, por meio de voluntariado, constrói casas para comunidades em vulnerabilidade social.

MULHERES → UM MERCADO EM EXPANSÃO

Além da enorme representatividade em números absolutos demográficos, a mudança de contexto social, as ferramentas digitais e a capacidade multitarefa das mulheres têm atribuído a elas um novo status na sociedade moderna.

Kotler, Kartajaya e Setiawan (2017) associam às mulheres a capacidade de coletar informações, uma vez que elas analisam e pesquisam mais antes de uma decisão de compra. São elas também que, ao coletar informações, têm a capacidade de resumir e de conversar com seus pares, buscando ainda mais informações.

As mulheres são consideradas também compradoras holísticas. Elas avaliam benefícios, funcionalidades, preço e inclusive aspectos emocionais antes de escolher um produto ou serviço. E, por fim, são mais propensas a experimentar novos produtos ou serviços se acharem que estes podem trazer mais valor para si ou para a família. E, se gostam da marca, são mais capazes de recomendá-la para a comunidade.

USUÁRIOS DE INTERNET → OS COMPARTILHADORES

Com relação a essa subcultura, é importante ressaltar que nem todos os usuários de internet são netizens, apenas aqueles interessados em desenvolver a tecnologia e a cultura que embasam a internet. Os netizens não só consomem conteúdos, mas contribuem ativamente para a internet e a democracia digital. Esses indivíduos veem o mundo de forma horizontal, não vertical.

Nessa categoria estão os coletores, aqueles que acrescentam tags às páginas de internet e usam feeds de RSS; os críticos, que postam comentários e avaliam produtos e serviços em comunidades on-line; e os criadores, aqueles que criam e publicam conteúdo na internet.

Os netizens adoram estar conectados, e por isso são reconhecidos como conectores sociais. Eles constroem uma identidade na internet com seus nomes de usuários e avatares. Além disso, também são "evangelistas" expressivos. Se, por um lado, ao expressar opiniões fortemente dão forma aos haters e aos trolls, por outro também podem se tornar advogados de marca.

Crescendo exponencialmente com base em conexões emocionais e mutuamente benéficas, as comunidades de netizens são a chave para expandir a participação de uma marca nos corações dos consumidores. Quando se trata de propaganda boca a boca comunitária, os netizens são os melhores amplificadores. A mensagem da marca fluirá ao longo das conexões sociais se receber o selo de aprovação desse grupo (Kotler; Kartajaya; Setiawan, 2017, p. 57).

SEGMENTAÇÃO + DIFERENCIAÇÃO = POSICIONAMENTO

Vimos que, ao segmentar o mercado, dividimos o público de acordo com suas características. Segmentos divididos, agora é o momento de posicionar a sua marca, produto ou serviço para focar nos benefícios para cada tipo de mercado, e não mais nas características dele (Vaz, 2011). É a hora de tomar uma posição, escolher os segmentos mais lucrativos e, inevitavelmente, perder outros. Nesse sentido, o marketing não pode ser como coração de mãe e querer acolher a todos.

É a hora de somar a diferenciação à segmentação, a fim de posicionar.

A boa notícia é que, com o marketing digital, podemos testar diversos posicionamentos ao mesmo tempo, analisar dados e só então escolher aquele com melhores resultados (Vaz, 2011).

Para ficar ainda mais claro, tenha em mente que se posicionar no mercado significa ocupar um lugar na mente dos consumidores em relação aos seus concorrentes. Esse posicionamento precisa ser claro, distinto e desejável.

Mas como agregar ao posicionamento uma identidade forte e bem construída?

Já dissemos que para posicionar uma marca é preciso diferenciá-la. Por isso, essa identidade, de acordo com Rez (2011), pode ser construída com a seleção de alguns critérios, listados no quadro 1.

QUADRO 1 – CRITÉRIOS PARA POSICIONAMENTO DE MARCA

Importância	Oferecer um benefício.
Lucratividade	Considerar a diferença lucrativa.
Acessibilidade	O consumidor deve poder pagar a diferença.
Superioridade	A diferença deve ser superior a outras formas de benefícios.
Exclusividade	A diferenciação não pode ser copiada com facilidade pela concorrência.
Destaque	A diferença deve ser oferecida de maneira justa.

Ao se posicionar, a marca inevitavelmente encontra sua proposta de valor, que será como uma bússola a nortear as ações de marketing. Seguir a estratégia de um bom posicionamento certamente vai fortalecer o reconhecimento de marca – *share of mind* –, melhorar as métricas de conversão e reduzir as taxas de *churn*, ou seja, as taxas de desistência de compra.

E será que esse posicionamento é para sempre? Seja por motivos internos ou externos, por vezes a marca precisa se reposicionar no mercado.

REPOSICIONAMENTO DE MARCA

Imagine que a sua empresa decida entrar em um mercado diferente do Brasil. Será que ela pode continuar com o mesmo posicionamento lá no exterior? E se outra grande disrupção tecnológica (como a internet) acontece, mudando valores e hábitos dos consumidores, você acha que a sua marca deve parar no tempo e continuar se posicionando como há dez ou vinte anos?

Com a mudança de valores dos seus consumidores, uma marca que soube se reposicionar bem foi uma fabricante de produtos de higiene pessoal. Antes centrada em características do produto, como a hidratação, essa marca passou a destacar em suas campanhas valores como a "real beleza", fugindo de estereótipos relacionados a mulheres e trazendo diversidade para suas publicidades. A marca precisou se reposicionar, já que seu mercado também assumia novos valores.

Como proceder, quais passos seguir, quando sua empresa enxerga que é a hora de um reposicionamento?

A Next Idea (2018) nos dá algumas pistas simples e efetivas.

Em primeiro lugar, faça bastante análise de mercado e do cenário atual da empresa. Nessa primeira fase, é essencial avaliar novamente os pontos fortes e fracos do negócio, com a análise FOFA (ver capítulo 2), e então entender qual o sentido da mudança.

Outro passo importante é ouvir o que seu público tem a dizer e conhecer os anseios e experiências com a marca no contexto atual. Aqui pode ser interessante, por exemplo, um relatório periódico de monitoramento nas redes sociais a fim de captar menções e opiniões dos consumidores sobre o seu negócio.

Depois de analisar o cenário e escutar o público, é hora de realizar o posicionamento, garantindo que toda a empresa esteja engajada na ação e comprometida com o seu real significado.

A mudança geralmente requer uma nova identidade visual, de repente uma nova linguagem para aproximação com o público e novos planejamentos de comunicação, para quem sabe envolver outros canais de marketing ou fornecedores.

Tudo pronto, chega a hora de colocar a boca no trombone e avisar o mercado sobre a mudança. Isso demonstra que a marca está em evolução e em harmonia com os valores da sociedade em seu entorno.

Por fim, mais um exercício de escuta, dessa vez para coletar os resultados e o sentimento da campanha diante do mercado. É bom comparar as novas métricas com as anteriores para entender o que vai bem e o que precisa de atenção.

PRODUTOS E SERVIÇOS

Capítulo **5**

Entre todas as definições de "produto" que podemos encontrar por aí, as mais simples e mais diretas dizem que produto é tudo aquilo que um consumidor adquire ou pode adquirir para atender a uma necessidade.

De acordo com Rossi (2003), produtos podem ser fabricados, distribuídos, estocados, entregues e consumidos em momentos diferentes, o que permite verificar sua qualidade antes que cheguem aos clientes.

A fim de deixar claro o conceito de produto, vamos pensar em um smartphone. Por quais motivos você adquire um novo modelo?

Você pode valorizar a qualidade da câmera, a velocidade do hardware, o design do modelo e da tela, mas, como consumidor, você também escolhe um celular pelo status que ele pode te dar, pelo valor da marca, pelo prazer de ter em mãos um objeto tecnológico, e por aí vai.

O que você pode observar, tocar e cheirar são as características tangíveis dos produtos. Tudo aquilo que envolve sentimento e que pode mudar de consumidor para consumidor são características intangíveis.

E por que é importante conhecer esses aspectos?

Outro exercício de imaginação: pense que você trabalha em um departamento de marketing e que está construindo um plano de marketing para determinado produto. Se, ao desenvolver a estratégia, você considera apenas as características tangíveis do seu produto, você pode estar perdendo um mercado considerável na hora de abocanhar novos públicos!

Compreender que as características físicas do produto e os sentimentos do consumidor em relação ao produto são complementares torna sua estratégia de vendas completa e bem-sucedida.

Produtos quase sempre terão características tangíveis e intangíveis juntas, mesmo que algumas vezes 80% tangíveis e 20% intangíveis, ou 90% intangíveis e 10% tangíveis.

PRODUTOS TANGÍVEIS

COMPOSTO DOS PRODUTOS TANGÍVEIS

Em se tratando de produtos físicos, temos o que chamamos de composto do produto: diferenciais do produto, como embalagem, design e marca, são o mais importante.

DIFERENCIAIS

Os diferenciais nada mais são do que atributos que ajudam a identificar o seu produto, destacando-o dos produtos concorrentes. No caso de um celular, pode ser uma bateria mais duradoura; de uma escova de dente, uma maciez mais perceptível; de um tênis, um solado diferente, e por aí vai. Ao atribuir diferenciais ao produto, lembre-se de que eles nem sempre precisam ser técnicos.

EMBALAGEM → A principal função da embalagem é proteger o produto e facilitar seu transporte. Mas, em termos de marketing, ela é muito mais do que isso. No ponto de venda, é a embalagem que diferencia um produto dos seus concorrentes.

DESIGN → O design nada mais é do que o formato do produto. Um bom design pode economizar custos na produção, facilitar a desmontagem e o descarte, e facilitar a utilização dos produtos. Para Lima *et al.* (2012), o bom design é o que abre alternativas para valorizar o produto e a marca.

MARCA → A marca é um nome, termo, design, símbolo ou qualquer outra característica que identifique um produto de uma empresa como distinto daqueles de outros vendedores (Churchill Jr.; Peter, 2012). As marcas são basicamente compostas pelo nome da marca e por um desenho ou elemento gráfico, ou logomarca. Lima *et al.* (2012) destacam que a marca é capaz de gerar uma identificação com o consumidor, além de diferenciar os produtos de seus concorrentes, proteger de falsificações e imitações e facilitar a exposição.

CLASSIFICAÇÕES DE PRODUTOS TANGÍVEIS

Produtos com características tangíveis podem ser classificados quanto à periodicidade de uso e quanto à orientação do consumidor para a compra (Urdan; Urdan, 2006).

PERIODICIDADE

- **Duráveis →** como móveis e eletrodomésticos, que têm um longo tempo de uso e geralmente preços mais altos.

- **Descartáveis →** como fraldas e utensílios plásticos, que são utilizados e jogados fora.

- **Consumíveis →** como os alimentícios, que são finitos e comprados com mais frequência.

- **De coleção →** como selos, certos livros e brinquedos, por despertarem estima em seus consumidores.

ORIENTAÇÃO DO CONSUMIDOR

- **De conveniência →** produtos de utilização periódica ou diária, de baixo custo e adquiridos com frequência, como sabão em pó, palitos de dente, fio dental, etc.

- **De comparação →** produtos que antes de serem adquiridos passam por um processo de pesquisa por parte do consumidor, geralmente por terem alto valor de aquisição, como é o caso de carros, imóveis, etc.

- **De preferência →** aqueles produtos que já ganharam a preferência do consumidor pela identificação com a marca ou com a qualidade, como refrigerantes, roupas, smartphones.

- **De especialidade →** de forma geral, produtos de luxo, que envolvem alta preferência pela marca e riscos na aquisição, como joias, obras de arte, etc.

PRODUTOS INTANGÍVEIS

Na era digital, alguns produtos surgiram com características intangíveis, mas ainda assim mais próximos de serem produtos do que serviços: são os infoprodutos.

São exemplos de infoprodutos os e-books, os audiobooks, as videoaulas, os podcasts, os white papers, os aplicativos de celular, entre outros. Esses materiais de conteúdo são criados e distribuídos em formatos digitais, não podem ser tocados, cheirados ou observados no mundo físico, mas ainda assim possuem um diferencial, uma embalagem, um design e uma marca no mundo digital.

CARACTERÍSTICAS DOS SERVIÇOS: MUNDO FÍSICO E DIGITAL

Até aqui vimos características, categorias e exemplos de produtos tanto do mundo físico como do digital.

Entretanto, no mix de marketing, a grande categoria "produtos" também engloba os serviços, de natureza essencialmente intangível, mas igualmente produzidos e distribuídos aos consumidores para atender a uma necessidade. No entanto, nesse caso, o produto adquirido não é "do consumidor", mas usufruído pelo consumidor.

Recorrendo mais uma vez a Kotler e Keller (2012), serviço é tudo aquilo que se pode oferecer a um consumidor e que não resulta na posse do bem.

Quando o marketing começou a ser estudado, prevaleciam os bens físicos e serviços de necessidades mais básicas que podiam ser adquiridos e também eram executados no mundo físico, como um serviço de pedreiro ou um fim de semana em um hotel.

Com o advento da internet, os serviços digitais cresceram muito. Basta pensar na reserva de uma estadia em um hotel, na utilização de uma ferramenta digital com objetivos de negócio, no SaaS,[1] em um deslocamento com motorista particular, etc.

---

1 SaaS, sigla para *software as a service* (software como serviço), diz respeito à utilização de um software na nuvem por meio de uma licença digital. Esse tipo de serviço libertou os usuários de computadores das antigas compras de licença de programas, que serviam apenas para uma máquina, com altos custos.

Assim, ao adquirir serviços, de maneira geral, os consumidores podem se deparar com as seguintes características:

Intangibilidade → consumidores só conseguem medir a satisfação com o serviço após adquiri-lo, por isso há um risco na compra – ainda que possa ser minimizado em alguns serviços on-line com licenças gratuitas por períodos de experimentação, por exemplo.

Heterogeneidade → característica relacionada à variabilidade, ou seja, a qualidade do serviço oferecido pode variar de cliente para cliente.

Perecibilidade → serviços não são estocados. Ainda, com o advento da internet, hoje se produz muito por demanda ou, como costumam dizer, produz-se para vender, e não mais se vende o que se produz.

Inseparabilidade → a produção e o consumo dos serviços acontecem ao mesmo tempo, seja uma viagem com motorista particular, seja a construção de uma parede por um pedreiro, seja a utilização de uma ferramenta de marketing on-line.

PERCEPÇÃO DO CONSUMIDOR SOBRE OS SERVIÇOS

Ao estudar o ramo dos serviços, notamos algumas diferenças importantes com relação aos produtos do mundo físico. Enquanto as empresas de produtos físicos medem a eficiência do produto pelo baixo custo e a qualidade, tanto na distribuição em massa quanto na produção, os serviços são medidos pela qualidade, de acordo com a percepção do consumidor.

Pense em um corte de cabelo. Você pode até sair satisfeito com o resultado do corte, mas se o salão estiver sujo, quente e desconfortável, ou seja, se o atendimento não for percebido de forma atraente, certamente você pensará duas vezes antes de contratar esse serviço novamente. É o que Grönroos (2004) chama de eficiência externa, que depende da interação entre o consumidor e o vendedor.

Portanto, ao analisarmos a qualidade total de um serviço, analisamos não só a dimensão técnica ou o que foi feito, mas também a dimensão funcional, ou seja, como foi feito. Para Acevedo (2009), questões como aparência e comportamento daqueles que prestam o serviço afetam a imagem da empresa e a qualidade percebida pelo consumidor.

Com a chegada da internet, essa dimensão se torna ainda mais importante. Agora, basta fazer uma busca na internet ou em redes sociais para consultar avaliações de consumidores e descobrir se tanto as dimensões técnicas quanto funcionais de um serviço atendem às expectativas.

As avaliações de um restaurante podem apresentar comentários como "ótima comida", mas também "atendimento grosseiro" ou "local desagradável", e instantaneamente afetar o ganho de lucros do estabelecimento.

Por isso, toda boa estratégia de marketing digital hoje também se concentra no atendimento 2.0, ou seja, na tentativa de apoiar a imagem positiva do consumidor, mas especialmente de tentar reverter a imagem negativa, com respostas imediatas e resoluções rápidas. Afinal, quem elogia, o faz para poucos; quem reclama, faz questão de divulgar para muitos.

Ser imediato e objetivo no atendimento virtual é essencial para minimizar a percepção negativa da qualidade do serviço.

COCRIAÇÃO

Uma mudança substancial no desenvolvimento de produtos e serviços na economia digital é a cocriação.

De acordo com Kotler, Kartajaya e Setiawan (2017), "cocriação" significa o envolvimento do cliente desde a concepção até a circulação dos produtos e serviços. Por meio de uma escuta ativa, especialmente nas redes sociais, as empresas podem criar em conjunto com o seu público, além de personalizar produtos e serviços para ele, aumentando a taxa de consumo.

> Com 57,3 bilhões de dólares em valor de marca em 2018, uma empresa de refrigerantes foi a única representante fora do ramo de tecnologia a figurar entre as sete mais valiosas do mundo (Badenhausen, 2018).

Em seus mais de 130 anos de existência, a marca passou por algumas transformações. Queremos destacar três momentos em que essa transformação atingiu de forma especial o produto, em seu mix de marketing.

O primeiro grande momento foi em 1916, quando a empresa lançou uma garrafa com curvas acentuadas para diferenciar a bebida da oferta dos concorrentes, e essa garrafinha tem até hoje uma ligação afetiva com as pessoas.

Em 1982, em um contexto de mudança de hábitos alimentares nos Estados Unidos, a empresa lançou uma versão diet de seu refrigerante. O mercado desejava algo com menos calorias, e a empresa precisava de um novo produto para superar enfrentamentos difíceis, como a inflação e os altos custos. A versão diet foi um grande sucesso e trouxe esse respiro para a empresa.

Por fim, em 2016, percebendo certo distanciamento dos consumidores de sua marca principal, já que a versão zero e a versão light penetraram no mercado com certa independência, a marca mais uma vez mudou o rumo de sua estratégia.

Então, a identidade visual das embalagens foi unificada, e a marca se tornou uma só, nas opções original, zero açúcar e com estévia.

No México, o primeiro país a receber as novas embalagens, o crescimento foi de 9% nas vendas da opção zero açúcar, e na Inglaterra de 51%.

Em janeiro de 2017, o então vice-presidente executivo e líder global de marketing da marca, Marcos de Quinto, esteve no Brasil para um evento e fez uma declaração sobre essa nova estratégia:

Antes, tínhamos de gastar muito dinheiro em publicidade para explicar que o conteúdo da lata preta era o mesmo que o da vermelha, só que com menos açúcar. Por que complicar? Agora, teremos uma única marca, com suas variantes (Luis, 2017).

Não importa se você é uma grande empresa ou um pequeno negócio. Estar atento às necessidades do mercado e ao comportamento dos consumidores é de extrema importância para manter a atualidade do seu produto. Com pesquisa e planejamento, não é preciso ter medo de mudar.

PRECIFICAÇÃO

Capítulo **6**

Assim como os conceitos mais fundamentais de produtos e serviços do marketing tradicional se mesclam com os novos (nem tão novos assim) de marketing digital, isso também ocorre com os conceitos de precificação e comercialização de produtos e serviços. Ou, para uma associação com os famosos Ps, com o P de preço.

Neste capítulo vamos percorrer todas as etapas descritas por Kotler e Keller (2012) para a precificação de produtos e serviços. Para tanto, se faz necessário, antes de mais nada, um esclarecimento muito básico da diferença entre preço e valor.

PREÇO VERSUS VALOR

Preço é a quantia necessária para adquirirmos determinado produto ou serviço, e pode ser definido considerando os custos de produção, a concorrência ou o valor atribuído pelos consumidores. Esse valor representa a percepção do consumidor em relação ao produto, serviço ou marca.

Se não considerarmos o valor atribuído pelos consumidores na definição do preço, corremos o risco de vender abaixo do potencial da empresa e ainda atingir públicos errados.

Uma das mudanças impulsionadas pela internet foi a atribuição de preços por parte dos consumidores, como nos leilões virtuais, com seus preços dinâmicos. Foi com modelos assim, totalmente avessos à definição de preços fixos, que grandes empresas, principalmente ligadas à área de tecnologia, cresceram nos últimos anos.

Soma-se a isso, ainda, o amadurecimento das estratégias de marketing e o avanço de novas ferramentas que, dia após dia, contribuem para aumentar o valor percebido pelo consumidor em produtos e serviços. Cada vez mais, o marketing flui para uma comunicação baseada em valores humanos, aproximando as marcas dos seus clientes de forma emocional, criando vínculos fortes e mais duradouros.

COMO DEFINIR PREÇOS

Com essas premissas, podemos avançar. E por onde começar?

De acordo com Kotler e Keller (2012), são seis as etapas que levam a uma definição de preço. Vamos percorrê-las uma a uma para que você seja capaz de desenvolver um modelo de precificação para seu produto ou serviço.

As etapas são: definir o objetivo da empresa com a determinação dos preços, conhecer a demanda do mercado, estimar custos, analisar a concorrência quanto a custos, preços e ofertas, selecionar um método de definição de preço e, por fim, chegar ao preço final.

PRIMEIRO PASSO → COMPREENDER O OBJETIVO DA EMPRESA

Como a empresa deseja posicionar sua oferta no mercado? Antes de começar a caminhada, é preciso definir aonde queremos chegar. Kotler aponta alguns objetivos.

Pela simples sobrevivência → Às vezes o contexto do ambiente interno e externo leva os gestores a uma estratégia de sobrevivência, ou seja, uma precificação capaz de cobrir custos fixos e variáveis e permitir a existência da empresa. No entanto, esse deve ser um objetivo de curto prazo.

Pela maximização dos lucros → A empresa opta por um aumento dos lucros, do fluxo de caixa ou do retorno sobre o investimento. Mas essa também é uma estratégia extremista.

Pela maximização da participação de mercado → Isso acontece quando a empresa pratica o menor valor por unidade, a fim de gerar um maior volume de vendas. Ao ganhar um mercado maior, a longo prazo a empresa consegue reduzir ainda mais o valor unitário e aumentar os lucros.

Pelo desnatamento máximo do mercado → Empresas que lidam com inovações tecnológicas costumam praticar essa estratégia, lançando seus produtos novos com preços altos. No entanto, há um risco caso um concorrente entre no mercado com o mesmo produto praticando preços bem mais acessíveis.

Pela liderança na qualidade do produto → Essas empresas praticam preços altos, mas ainda assim acessíveis, e se destacam por uma mensagem de alta qualidade de seus produtos ou serviços, garantindo um público fiel.

Empresas sem fins lucrativos também têm seus objetivos de precificação. Nesse caso, o foco da precificação não é o lucro, mas cobrir custos parciais ou totais, permitindo melhorias e a continuidade de produtos e serviços.

SEGUNDO PASSO → DETERMINAR A DEMANDA

Preço e demanda exercem muita influência um sobre o outro. É famoso o conceito que retrata esta relação: quanto maior a demanda, menor o preço; ou, quanto maior o preço, menor a demanda. Mas essa regra não é exata. Em alguns casos, por exemplo, o preço pode ser indicativo de qualidade e levar a uma maior demanda. E nós, profissionais de marketing, temos uma imensa responsabilidade em comunicar a qualidade dos produtos e serviços!

Ao estudar a relação entre preço e demanda, também precisamos compreender a sensibilidade dos consumidores aos preços. Quanto menor a sensibilidade, mais atrativo é esse público para sua empresa, já que será possível praticar aumentos de tempos em tempos, sem perder mercado. Isso acontece geralmente quando a concorrência para seu produto ou serviço é muito pequena ou inexistente, ou quando a qualidade justifica a elevação de preços, entre outros fatores.

Mas a internet promoveu mudanças nesse mercado. A compra de automóveis ou de seguros, por exemplo, cujo mercado geralmente tem baixa sensibilidade a preços, transformou-se quando a internet permitiu ao consumidor comparar preços mais facilmente e enxergar curvas ao longo do tempo, o que torna as alterações mais delicadas.

Ao estudar preços e demandas, é muito importante aplicar métodos matemáticos para identificar as curvas de demandas a fim de entender se pequenas mudanças de preços geram grandes variações de demandas (curvas elásticas), ou se as demandas permanecem mais estáveis (curvas inelásticas).

Se os custos não mudam significativamente, as curvas elásticas podem sugerir aumento de receita para a empresa, com muita demanda e preços apenas um pouco menores. Apenas salientamos que, nessas estratégias, os fatores externos devem ser bem analisados, já que o consumidor pode mudar de comportamento.

TERCEIRO PASSO → ESTIMAR OS CUSTOS

Outro passo importante no processo de precificação é compreender os custos. Se as demandas estabelecem o teto, os custos determinam o piso, de acordo com Kotler e Keller (2012).

E quais são os tipos de custos de uma empresa?

Primeiramente, temos os custos fixos, aqueles que não variam com a produção ou com a receita das vendas. Aqui podemos considerar os gastos com pessoal, aluguel, energia, água, etc. É o que a empresa gasta, independentemente do nível de produção.

Depois, precisamos saber quais são os custos variáveis, ou seja, aqueles que mudam, influenciando diretamente a produção. Se a empresa produz menos unidades do que aquelas esperadas, isso pode afetar os custos com a compra de matérias-primas, por exemplo.

Temos também os custos totais, ou seja, a soma dos custos fixos com os variáveis para qualquer nível de produção, e o custo médio, que equivale aos custos totais divididos pela produção, sendo um indicativo para a empresa do custo por unidade em determinado nível de produção. O preço praticado no mercado deve cobrir os custos totais para aquele nível de produção.

No entanto, esses custos devem ser reavaliados de tempos em tempos, porque outros fatores podem influenciar essas determinações. Um desses fatores é a experiência de produção.

Assim como na nossa vida, as empresas ganham experiência na produção e, com o tempo, um mesmo número de funcionários que no início produziam 100 unidades, com a experiência e maior eficiência, podem passar a produzir 125. Da mesma forma, a negociação dos custos de matérias-primas também pode se tornar melhor e ficar mais barata ao longo dos anos.

Tudo isso pode levar a um menor custo médio por unidade. Essa é a chamada curva de experiência, ou curva de aprendizagem.

Outro fator que pode influenciar os custos de uma empresa é a determinação de custos-alvo pelo esforço de administradores, como engenheiros, projetistas e agentes de compra. Eles podem unir forças para negociar melhor e alcançar metas mais agressivas, reduzindo assim os custos gerais da empresa. E redução de custos significa alterações nos preços praticados no mercado e maior receita!

QUARTO PASSO → ANALISAR CUSTOS, PREÇOS E OFERTAS DA CONCORRÊNCIA

Após analisar custos e demandas, é hora de a empresa voltar suas atenções para a concorrência. Essa fase requer um olhar clínico sobre o mercado. Primeiro, para verificar se o produto ou serviço que você oferecerá é superior ao do concorrente (nesse caso, o preço pode ser um pouco mais elevado), ou se a sua oferta deixa um pouco a desejar e é preciso reavaliar o preço.

Outra precaução muito importante nesse momento é levar em conta a reação dos concorrentes em relação ao seu posicionamento de preço. Será que quem está do outro lado vai pensar em participação de mercado e deixará os preços mais baixos, forçando o setor a baixar os preços também? Ou vai focar na maximização dos lucros e investirá mais no produto e na propaganda?

Enfim, olhar para a concorrência requer muito zelo e estratégia. Fique atento!

QUINTO PASSO → SELECIONAR UM MÉTODO DE DETERMINAÇÃO DE PREÇOS

Portanto, vimos que custos determinam o piso do preço, que a análise dos concorrentes é um ponto de orientação, e que as demandas são um teto para determinar quanto vamos cobrar por nossos produtos ou serviços.

É hora então de selecionar um método para determinar o preço. Os mais considerados pelo mercado são os seguintes:

- **Preço de markup** → é o método mais elementar e consiste em adicionar uma margem de lucro ao custo unitário do produto ou serviço. Por não considerar diversos fatores, esse método é cogitado apenas quando a estratégia gera o nível de vendas esperado.

- **Preço de retorno-alvo** → praticado especialmente por empresas de serviço público, que visam um retorno justo sobre os investimentos. No entanto, esse método também não considera fatores importantes, como elasticidade, concorrentes, custos fixos e variáveis. Pode ser calculado de acordo com a fórmula:

$$\text{PREÇO DE RETORNO-ALVO} = \frac{\text{custo unitário} + (\text{retorno desejado} \times \text{capital investido})}{\text{unidades vendidas}}$$

- **Preço de valor percebido →** você lembra que falamos da diferença entre preço e valor neste capítulo? Então, esse método consiste em considerar o valor que o consumidor agrega ao produto ou serviço. Isso pode significar sua percepção sobre o desempenho, a qualidade do atendimento, o canal de distribuição e até mesmo a reputação do fornecedor. Para Kotler e Keller (2012), o segredo desse método é entregar mais valor que os concorrentes e utilizar a publicidade para divulgar isso claramente. É um método mais em sinergia com o que vimos neste livro sobre o papel central do cliente nas estratégias de marketing.

- **Preços com base no valor ideal →** basicamente, esse método consiste na estratégia de oferecer preços baixos sempre. Sem muitas campanhas de promoções e descontos, evitando o esforço do consumidor de ficar comparando preços, as empresas conseguem bons retornos com esse método. Ainda assim, vale destacar que o melhor jeito ainda parece ser a combinação da estratégia de preços baixos sempre com a de preço alto-baixo, que significa trabalhar com descontos, já que essa última é comprovadamente uma isca de incremento no consumo.

- **Determinação de preços de mercado →** nesse caso, as empresas determinam preços basicamente se guiando pelo preço do concorrente, como termômetro do setor.

- **Determinação de preços por leilão →** esse método é um ótimo exemplo praticado no mercado digital. Seja para baixar estoques, seja para vender produtos de segunda mão, foi a estratégia de determinação de preços por leilão que alavancou a popularidade e o sucesso de empresas como eBay e Mercado Livre, entre outras. É uma representatividade dos preços determinados pelos consumidores.

SEXTO PASSO → SELECIONANDO O PREÇO FINAL

Por fim, para fechar nossas etapas, a empresa deve considerar alguns fatores adicionais. Um deles é a influência dos outros elementos do mix de marketing, especialmente a propaganda. Se a empresa tem uma verba significativa para a publicidade do produto ou serviço, então muito provavelmente pode praticar preços mais elevados.

Outro fator a ser considerado é a observância de políticas de preço da empresa. Um exemplo são as multas por cancelamento em reserva de hotéis ou as taxas para alterações de voo.

Ainda é importante considerar o compartilhamento de ganhos e riscos com o comprador, caso relute em aceitar uma oferta, e avaliar o impacto da determinação do preço junto ao mercado e ao governo. Será que sua empresa pode ser enquadrada em uma prática de cartel, por exemplo?

> **PONTO DE EQUILÍBRIO**

Um conceito fundamental na determinação de preços é o ponto de equilíbrio.

Ao aplicar a fórmula do ponto de equilíbrio, descobrimos qual o volume mínimo necessário de produtos ou serviços que precisamos vender para não ter prejuízo no processo, a fim de que a receita se iguale aos custos ou os supere.

Quanto menor o ponto de equilíbrio, mais competitiva é a empresa, pois sua receita será maior do que os seus custos fixos e variáveis. Sua fórmula é a seguinte:

$$\text{PONTO DE EQUILÍBRIO} = \frac{(\text{custo fixo})}{(\text{receita} - \text{custo variável})} \times 100$$

PERSONALIZAÇÃO DE PRODUTOS

Uma característica da economia digital que também influencia a definição de preços é a personalização de produtos.

Muitas vezes, as empresas que atuam no mercado digital já não precisam de estoque. Elas podem comercializar apenas o conceito do produto ou serviço e desenvolvê-lo após a compra. Isso influencia de forma direta os custos da empresa. Vaz (2011, p. 71) explica:

> Os custos com os estoques passaram a ser minimizados, permitindo ao consumidor um preço menor e uma possibilidade até então absurda – a personalização de sua compra. Muitos dos produtos que compramos hoje em dia não existem no mundo físico, somente no mundo da informação. [...] Empresas vendem não mais produtos, mas o "futuro". Vendem a imagem de um produto que existirá depois de comprado.

Hoje, o consumidor pode personalizar um tênis, uma calça ou um computador como desejar, adicionando os componentes que achar mais interessantes, conforme o seu gosto ou interesses, criando um produto para atender especificamente aos seus objetivos.

> Chris Anderson, em sua **teoria da cauda longa**, afirma que, na sociedade da informação, deixamos de ser um mercado de massa, com grande demanda por um só produto, para nos convertermos em um mercado de nicho, em que a soma da demanda de muitos produtos de nicho equivale à demanda de um mercado de massa, graças às possibilidades de segmentação de público promovidas pela internet e suas oportunidades.
>
> Compreender esse conceito é importante para desenvolver campanhas de marketing digital, especialmente para o varejo. Esse fenômeno, de nichos versus massa, também explica o crescimento exponencial de tantas lojas on-line. Com os sistemas de busca, orgânica ou patrocinada, agora os consumidores conseguem encontrar facilmente produtos mais personalizados e de demandas mais específicas. Vendedores, por sua vez, conseguem atingir parcelas reduzidas de público favoráveis à conversão de seus produtos de nicho. Por isso, quando desenvolvemos campanhas de palavras-chave, usamos recorrentemente o termo "palavras-chave de cauda longa", que são mais específicas porém mais assertivas.

MOEDAS DIGITAIS

Outra mudança substancial a que o profissional de marketing hoje precisa estar atento é o crescimento exponencial das moedas digitais. Isso porque o mundo evolui para mercados sem moedas físicas. Basta pensar na crescente utilização de cartões de crédito, nos sistemas de pagamento on-line e nas moedas virtuais – uma vertente das moedas digitais.

Digitais são todas aquelas moedas que não são físicas, e portanto englobam todas as modalidades citadas anteriormente. Já as moedas virtuais estão relacionadas às criptomoedas, como o bitcoin e as moedas que circulam em comunidades on-line específicas e têm valor apenas para seus membros, como é o caso da linden dollar, utilizada no clássico jogo Second Life, e os tokens do famoso World of Warcraft.

As criptomoedas ainda dividem opiniões pelo mundo, por sua instabilidade e falta de regulamentação por diversos governos. O que realmente já é fato é que existem produtos sendo comercializados com um novo tipo de moeda virtual nas comunidades de games. Os jogadores comercializam itens no jogo com as moedas virtuais, mas em quase todos os casos podem comercializar esses itens em mercados ilegais por valores em dólar ou real, por exemplo.

Por que estar atento a isso? Porque o mercado de games está em franca expansão e só no Brasil já vale cerca de US$ 1,5 bilhão, com cerca de 75 milhões de jogadores (Newzoo, 2018).

Portanto, na era digital, é preciso analisar também como as mudanças trazidas com a comercialização de produtos e serviços pela internet e as novas formas de precificação podem influenciar o preço de seus produtos ou serviços.

A TRANSFORMAÇÃO
DOS CANAIS
DE MARKETING

Capítulo **7**

Antes de entrar no conteúdo deste capítulo, vamos brincar um pouquinho. Seu celular deve estar por perto, certo? Abra o Google Maps e busque pela cidade de Veneza, na Itália. Ao encontrá-la, dê bastante zoom e altere a visão padrão para a visão por satélite.

Talvez você já tenha escutado falar dos canais de Veneza, mas, "navegando" por essa cidade virtualmente, pode ser que você se impressione ao descobrir que suas ruas são canais de água, mais especificamente 150 canais e 409 pontes, que conectam 117 pequenas ilhas sobre a pantanosa lagoa de Veneza (Jokura, 2024).

É pelos canais, pontes e pequenas ruelas que os cerca de 260 mil cidadãos de Veneza se locomovem (quase sempre por meio de barcos) e se distribuem pela cidade, chegando aos seus pontos de interesse, como casas, comércio, órgãos públicos, etc.

Assim também são os canais de marketing. Eles conduzem, por meio de estratégias bem definidas, de forma eficiente, com intermediários ou diretamente, os produtos ou serviços até os clientes (Oliveira, 2007). São os canais de marketing que permitem ao cliente encontrar o que necessita no local certo, no momento exato e na quantidade esperada.

Com o advento da internet, os canais de marketing ficaram tão complexos como os canais de Veneza.

Antes, a linha que esquematizava os canais de marketing era reta, quase sempre partindo do produtor e chegando ao consumidor por uma loja varejista, passando ou não por um atacadista ou um distribuidor. Hoje, com os e-commerces, redes sociais e ferramentas de busca, os pontos de contato de um consumidor com um produto ou serviço podem ser variados, até que ele decida pela compra, quem sabe na loja on-line de um varejista com tradição em lojas de rua.

A internet abriu as fronteiras do mundo para o marketing. Hoje, a mesma loja que vende artigos de festas na região da 25 de Março, em São Paulo, tradicionalmente um comércio varejista de porta de rua, pode ter uma loja on-line e vender os mesmos artigos para consumidores na Europa. O que faz a diferença nesse processo são as estratégias de divulgação e de posicionamento on-line, que estudaremos mais a fundo no capítulo 9.

A chave dessa nova percepção de canais no mundo conectado é não se ater mais ao lugar em que o seu consumidor adquire produtos ou serviços, mas sim a como ele prefere adquirir produtos e serviços. Isso porque a internet traz alguns benefícios extras ao consumidor conectado, como a velocidade, a conveniência e a acessibilidade (Graziele, 2017).

Então, vamos fazer assim: abordaremos os fundamentos do P de praça do mix de marketing em um primeiro momento, para depois nos aprofundarmos, explicando como sites e plataformas de redes sociais se tornaram novos canais de distribuição e como hoje a estratégia de escoamento de produtos e serviços pode e deve ser integrada.

CANAIS DE DISTRIBUIÇÃO

Basicamente, há três tipos de distribuição de produtos e serviços no marketing: a distribuição direta, que não requer intermediários; a distribuição indireta, que os requer; e a híbrida, que mescla os dois tipos (como uma empresa que faz a divulgação direta, mas terceiriza a distribuição de seus produtos).

Na distribuição direta de produtos, temos como exemplo as padarias de bairro que produzem e comercializam o próprio pão. Quando falamos de serviços, até pouco tempo atrás, muitos intermediários eram necessários, até que a internet provocou uma reviravolta. Seja no consumo de notícias, seja na escolha de um motorista de táxi, seja na escolha de um hotel, muitos intermediários foram destituídos e substituídos por plataformas, como aplicativos. Mesmo estando no meio do processo, essas plataformas atuam mais como facilitadoras do que como intermediárias, já que a contratação do serviço em si é feita diretamente com o prestador, sem precisar de um agente de viagens ou de uma cooperativa de táxi, por exemplo.

Mas, mesmo na era da internet, a maior parte do escoamento de produtos e serviços é feita de forma indireta. Portanto, vamos conhecer melhor esses intermediários: atacado, varejo, distribuidores e agentes.

ATACADO

Para Oliveira (2007), os atacadistas são empresas que comercializam produtos (quase sempre matérias-primas) utilizados por outras empresas, em grandes quantidades. Os atacados, mesmo que alguns ofereçam opção de compra pela internet, ainda hoje são mais reconhecidos como grandes lojas físicas. Esses grandes mercados podem ser:

····● **Atacadistas gerais** → vendem de tudo, em enormes quantidades.

- **Atacadistas de linha** → vendem em grandes quantidades, mas são especialistas em uma linha de produtos e oferecem uma pequena variedade de marcas.

- **Atacadista de especialidade** → especializados em um tipo de produto, como plásticos, embalagens, etc.

VAREJO

As lojas varejistas são aquelas já destinadas ao contato com o público final, por venderem em pequenas quantidades uma grande variedade de produtos. Essa forma de distribuição se aplica tanto ao mundo físico quanto ao ambiente on-line, já que hoje quase todos os varejistas possuem também uma loja na internet, o e-commerce, que será abordado mais adiante. Para Oliveira (2007), os varejistas dividem-se em três tipos:

- **Varejo de massa** → corresponde à maior quantidade de lojas nas ruas e nos centros comerciais da cidade. Agrega desde lojas de departamentos conhecidas até lojas de bairro, como papelarias, óticas, lojas de sapatos, etc.

- **Varejo de serviços financeiros** → esses são os bancos que utilizamos no dia a dia. Possuem uma grande quantidade de clientes com baixa movimentação financeira. Aqui também impera a variedade.

- **Varejo de porta a porta** → são menos conhecidos, mas ainda sobrevivem. Algumas marcas se utilizam de vendedores e consultores que vendem produtos na porta da casa das pessoas. Nos Estados Unidos, essa é uma prática recorrente.

DISTRIBUIDORES E AGENTES

Existem também os distribuidores, que atuam de forma mais regionalizada, como os do setor de vinhos e as redes de assistência técnica. Eles são intermediários que atendem demandas locais, de venda, de armazenamento ou de manutenção.

E ainda temos os agentes, ou seja, intermediários contratados, geralmente autônomos, como os corretores de imóveis e de seguros, os representantes de vendas, etc., que recebem comissões para realizar vendas de uma empresa.

FORMAS DE DISTRIBUIÇÃO

Já tenho meu produto pronto e já entendi, após alguns estudos, que a melhor forma de fazer ele chegar até o consumidor final é por meio de um distribuidor, em uma venda indireta. E agora? Qual a melhor estratégia para escolher meus distribuidores?

Existem três formas de distribuição que podem ser consideradas em sua estratégia (Rossi, 2003).

Pelo sistema de distribuição exclusiva, o fabricante escolhe revendedores e autoriza somente esses a comercializar o produto, tendo inclusive certo controle sobre a operação do revendedor. Geralmente, a escolha é por apenas um ou poucos revendedores. Fica mais fácil entender esse sistema quando pensamos nas concessionárias de veículos.

Outras vezes, o fabricante escolhe um grupo selecionado de intermediários a fim de valorizar seu negócio, pelo sistema de distribuição seletiva. Essas escolhas podem se dar por uma localização geográfica que favoreça a comercialização do produto com seu público de interesse, pela reputação do revendedor ou outros pontos fortes.

Por fim, temos a distribuição intensiva, do "quanto mais, melhor". É uma escolha estratégica para produtos de alto consumo e pouco valor agregado, como produtos de higiene e alimentícios.

Já demos várias mostras de como a era digital atualizou os conceitos de distribuição de produtos e serviços no mix de marketing. Vamos ver agora com mais detalhe como ocorre a distribuição na era digital.

COMPREENDA OS CANAIS DIGITAIS DE MARKETING

A internet dissolveu as fronteiras da praça física, e agora o ambiente on-line também dispõe de importantes canais de distribuição de produtos e serviços. Todo site é um canal de distribuição de produtos ou serviços, utilizando um tipo direto ou indireto de ponto de contato com o consumidor.

Mas vamos mais a fundo em dois tipos de plataformas que merecem atenção, especialmente na distribuição de produtos e infoprodutos: o e-commerce, que contempla os marketplaces, e as redes sociais.

E-COMMERCE E MARKETPLACES

Um e-commerce é uma loja virtual que vende produtos de uma única empresa. Trata-se de uma plataforma virtual própria do fabricante ou do revendedor, que não utiliza intermediários para atingir o público.

Já os marketplaces são plataformas que oferecem uma espécie de "prateleira virtual" para variados tipos de produtos de diversas empresas. Eles se responsabilizam pelas cobranças e, por vezes, também respondem pela entrega e qualidade do produto.

Cada categoria tem seus benefícios. Enquanto os marketplaces proveem estruturas prontas para fabricantes e revendedores, e muita simplicidade para catalogar produtos, os e-commerces são mais customizáveis e mais maleáveis para acompanhar as mudanças de design, criação de filtros e promoções. O e-commerce pode crescer com a sua empresa.

Mas, para simplificar, e como na linguagem coloquial todos são conhecidos como e-commerce, vamos usar esse termo de forma mais genérica, referindo-nos às plataformas de venda pela internet.

Pela ausência de custos de uma loja física (aluguel, salário de vendedores, gerenciamento de estoque, etc.), o e-commerce começou a oferecer preços mais em conta e logo ganhou o apreço dos consumidores. Poder comparar preços e fazer compras sem sair de casa certamente é uma praticidade a mais na vida das pessoas, especialmente em grandes cidades. Por isso, em poucos anos, o e-commerce se espalhou rapidamente pelo ambiente digital.

É verdade que ainda existem questões sensíveis que deixam os consumidores hesitantes na hora de comprar on-line, como a segurança das transações e o prazo de entrega, mas boas estratégias de marketing também ajudam a driblar essas inseguranças.

De acordo com Sampaio (2018), existem três categorias de e-commerce que merecem ser estudadas, como veremos a seguir.

E-COMMERCE B2B ✖ E-COMMERCE B2C

Nessa categoria, o e-commerce se diferencia pelo tipo de cliente. No e-commerce B2B (*business to business*), os clientes são outras empresas, e os produtos são geralmente matérias-primas ou maquinários. De maneira geral, as transações de cobrança são mais complexas, uma vez que a negociação entre empresas costuma ser mais maleável. É importante ter um sistema que permita variáveis na tabela de preços, condições diferenciadas de pagamento, regras de pedido mínimo, aprovações de cadastro e limites de crédito, entre outros fatores.

Já o e-commerce B2C (*business to client*), mais comum que o B2B, é aquele em que geralmente compramos nossos produtos cotidianos, como roupas, eletrônicos, alimentos, contratamos serviços, etc.

E-COMMERCE ATACADISTA E-COMMERCE VAREJISTA

O e-commerce atacadista vende em grandes quantidades. Uma prática comum dos que oferecem esse serviço na internet é a possibilidade de comprar on-line e retirar na loja, já que a logística de entrega de grandes quantidades é mais cara e complexa. Nessa modalidade, assim como no e-commerce em geral, os preços on-line podem ser menores do que na loja física.

O e-commerce varejista é o mais comum, vendendo grande variedade em pequenas quantidades. Um ponto de observação sobre essas lojas é a necessidade de integrar os sistemas de gerenciamento de estoque e de venda pela internet, para que o produto saia do ar quando estiver esgotado ou para que o cliente seja claramente avisado.

E-COMMERCE DE PRODUTOS FÍSICOS E-COMMERCE DE PRODUTOS DIGITAIS

O e-commerce de produtos físicos é aquele que apenas transpõe o mundo físico para o digital, propiciando compras on-line. Já o e-commerce de produtos digitais é bem interessante, uma vez que está relacionado à comercialização de conteúdo ou informação. Nesse caso, caem as barreiras de estoque e logística. Não há limite de venda nem de entrega, e os produtos e serviços são consumidos assim que adquiridos.

Uma preocupação que acompanha esse tipo de e-commerce é a pirataria, já que os produtos vendidos podem ser copiados e distribuídos ilegalmente, gerando bastante prejuízo.

REDES SOCIAIS

Assim como o e-commerce, as redes sociais também atuam como canais de distribuição digital e ponto de contato entre empresas e clientes.

De acordo com Raquel Recuero (2009, p. 24), uma das mais renomadas estudiosas no Brasil de redes sociais:

> Uma rede social é definida como um conjunto de dois elementos: atores (pessoas, instituições ou grupos; os nós da rede) e suas conexões (interações ou laços sociais) [...]. Uma rede, assim, é uma metáfora para observar os padrões de conexão de um grupo social, a partir das conexões estabelecidas entre os diversos atores. A abordagem de rede tem, assim, seu foco na estrutura social, onde não é possível isolar os atores sociais nem suas conexões.

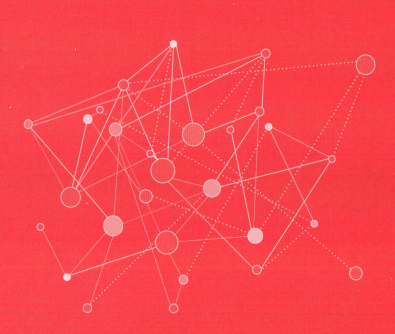

FIGURA 1 – EXEMPLO DE DIAGRAMA COM NÓS E ATORES.
Fonte: adaptado de Recuero (2008).

Isso significa que redes sociais nada mais são do que pessoas conectadas a outras. Por isso, existem diversos tipos de redes sociais. E aqui é importante salientar que, apesar de chamarmos Facebook, Instagram, TikTok, etc., de redes sociais, na verdade eles são plataformas de redes sociais (Gabriel, 2010).

Portanto, ao desenvolver uma estratégia, é preciso lembrar que redes sociais são pessoas se relacionando com pessoas, por meio de uma plataforma. Essas relações formam conexões, que devem ser estudadas com muita atenção.

É o estudo dessas conexões que nos importa, já que elas revelam preferências, identidades e sentimentos das pessoas envolvidas. É dessas conexões que surge um termo muito utilizado no estudo de redes sociais: o capital social.

O capital social é imaterial e se refere aos valores que norteiam as conexões entre as pessoas, como confiança, cidadania, amizade. Quanto mais capital social emerge de uma rede social, mais importância e relevância ela tem para aquela comunidade de pessoas conectadas (Putnam, 2000 *apud* Recuero, 2009).

Vamos exemplificar. Pense em um grupo de discussões do Facebook ou do LinkedIn sobre determinado assunto. Nele, teremos as pessoas e as conexões. As pessoas (ou grupo de pessoas) mais influentes dessa rede são as que mais contribuem com conteúdo e argumentos nas discussões: são os nós fortes da rede. As pessoas que menos contribuem são as mais passivas: os nós fracos. A autoridade, ou seja, o poder de influência dos nós fortes, provém do capital social que eles constroem na comunidade. Portanto, os nós fortes são definidos pelo valor do seu capital social, ou seja, de suas interações. O mesmo conceito vale para os influenciadores digitais, que são nós fortes dentro de determinada rede.

Com o tempo, as plataformas mudam, mas permanecem esses conceitos baseados em pessoas, nas suas interações e no capital social, que é o produto dessas interações. Parece um pouco complicado, mas entender a essência das redes sociais é o que há de mais importante para definir estratégias. É o que permanece. Quem são os nós fortes capazes de distribuir uma mensagem, um produto ou um serviço com autoridade no assunto, em uma comunidade de rede social? Ou, ainda, como fazer seus nós alcançarem mais valor, ou seja, mais capital social dentro de uma rede?

As redes sociais são novas praças de ponto de contato dos consumidores com produtos e serviços, incluindo conteúdos. Provavelmente, você experimenta isso quase todos os dias quando lê uma notícia, contrata um serviço ou compra um produto por meio das redes.

REDES SOCIAIS x MÍDIAS SOCIAIS

Uso a nomenclatura "redes sociais" neste livro por entender que a compreensão do conceito sociológico de como essas plataformas funcionam é a principal base que nós, profissionais de marketing, podemos ter. A engrenagem que faz tudo funcionar está nas interações, nos laços e nós – nas *redes*.

Porém, por ter acompanhado em minha trajetória profissional a transformação das redes sociais, costumo trazer sempre essa discussão: será que hoje ainda é factível chamar essas plataformas de redes sociais? Em seus primórdios, quando algoritmos e inteligência artificial não tinham ainda tanto poder para interferir nos conteúdos e interações (RIP Orkut), essa nomenclatura, na minha opinião, era mais aceitável.

Mas a verdade é que, atualmente, o que temos são plataformas de mídia, controladas por algoritmos que favorecem a interação não mais entre pessoas, mas com empresas e seus anúncios. As comunidades perderam a força, assim como os comentários. Somos bombardeados por anúncios e é isso o que gera lucros exorbitantes para essas plataformas que, na prática, existem para vender nossas preferências e perfil de público. Por isso, mercadologicamente, o termo "mídias sociais" parece muito mais adequado. Você concorda?

O COMÉRCIO SOCIAL OU S-COMMERCE

Vaz (2011) lembra que o conceito de redes sociais é a chave de uma estratégia para promover o comércio eletrônico. Comércio, conteúdo e comunidades formam uma plataforma de comércio social muito lucrativa para as empresas e com boa receptividade do consumidor, apropriando-se das relações humanas, do boca a boca e da autoridade dos nós para incrementar os negócios digitais.

No Brasil, temos o exemplo interessante de uma famosa loja de camisetas on-line. A marca ganhou popularidade na internet ao vender em seu site camisetas com estampas enviadas por consumidores. As artes enviadas são escolhidas pela equipe do site e, se forem comercializadas, o artista recebe uma porcentagem da venda.

As estampas são divertidas e muito criativas. Com a colaboração do usuário, os memes da internet viram estampas, as músicas bregas e os "modões" do Brasil ganham significados ainda mais divertidos, ou até mesmo de protesto. As camisetas produzidas pelos usuários são altamente divulgadas nas redes sociais. Afinal, quem não quer mostrar que o seu trabalho ou de um amigo está em um site conceituado? Ou, ainda, apenas divulgar a estampa divertida ou de protesto como forma de identificação?

A loja é um típico caso de comércio social, ou s-commerce, prática definida por Martha Gabriel (2010) como uma subcategoria do comércio eletrônico que utiliza as redes sociais com centenas ou milhares de pessoas ajudando no processo de compra e venda. Mas atenção:

> **Por mais óbvio que seja, muitas empresas ainda não entenderam que social é a interação de pessoa-pessoa, e não empresa-pessoa ou pessoa-empresa. Assim, para atuar no nível social, as empresas precisam motivar a interação "social" entre os seus consumidores para participar das experiências, contribuir com elas e criá-las (Gabriel, 2010, p. 25).**

Portanto, muita calma nessa hora. O comércio social não é só motivar os consumidores a falar da sua marca, mas promover o processo de compra e venda em canais sociais.

Por essas razões, as grandes empresas de plataformas de redes sociais não perderam tempo e criaram seus próprios canais de venda. Com a ativação do comércio social e o incentivo de mídia, os produtos podem agora ser adquiridos até mesmo nas redes sociais, sem o consumidor precisar "deslocar" o clique para um site de loja virtual.

O MARKETING ONICANAL OU OMNICHANNEL

"Indiferentes aos canais" é como Kotler, Kartajaya e Setiawan (2017) definem os novos consumidores conectados. Transitando de um canal para outro, do on para o off e vice-versa, o que eles esperam é uma experiência contínua.

Nesse aspecto, o consumidor faz uma bagunça em sua jornada de compra. Se antes era fácil definir um caminho em linha reta, agora ele se assemelha mais a uma espiral.

Ao procurar um tênis, o consumidor pode ser impactado por um conteúdo nas redes sociais, ir até a loja física e experimentar, voltar para casa, no dia seguinte ser impactado por um anúncio na internet, clicar em um banner e aí sim finalizar a compra. Como já dissemos, agora o importante é que a marca, o produto ou o serviço esteja presente em qualquer um desses canais em que o consumidor decidir finalizar a compra. E mais: podendo ter a mesma experiência de consumo.

O QUE É MARKETING ONICANAL?

De acordo com a CIOReview (2019), o marketing onicanal aproveita pontos de contato on e off-line com o consumidor para ampliar vendas e fortalecer a marca. Trata-se de uma estratégia integrada de distribuição para atrair um público mais segmentado e criar vínculos com os consumidores.

Ou, com a simplicidade de Kotler, Kartajaya e Setiawan (2017), "é a prática de integrar vários canais para criar uma experiência de consumo contínua e uniforme".

É claro que essa integração depende de um conhecimento mais profundo dos gostos do consumidor e de uma inteligência de dados mais apurada.

Neil Patel, em palestra ministrada em 2019 no South by Southwest, o maior festival de inovação do mundo, declarou a uma audiência atenta que as empresas precisam começar a olhar para as métricas de usuários em vez de aumentar a verba de mídia investida em anúncios pagos na internet e redes sociais. Dados do usuário dentro do próprio site são, para Patel, a melhor forma de escolher palavras-chave capazes de gerar melhor ranqueamento, além de uma aquisição de usuários mais qualificada (Meir, 2019).

Mas toda essa teoria tem resultado? Tem, sim.

Uma pesquisa divulgada pela Kantar (2024) mostrou que o cluster de consumidores "experientes", ou seja, que visitam mais de oito canais por mês, é aquele que mais gasta em sua cesta de compras. Esse grupo leva para casa menos produtos, mas com maior valor agregado (por exemplo, bebidas e missões de necessidades específicas e de proximidade).

O QUE VEM POR AÍ, EM TERMOS DE TENDÊNCIAS?

Para Kotler, Kartajaya e Setiawan (2017), as empresas precisam levar ainda mais o webrooming para os canais off-line e o showrooming para os canais on-line. Ou seja, devem utilizar tecnologia de ponta, como sensores, beacons, conectividade máquina a máquina e inteligência artificial para incrementar a decisão de compra do usuário dentro da loja. Isso pode acontecer com conteúdos em tempo real que mostram detalhes dos produtos e avaliações de outros clientes.

Inclusive, o mercado já fala em VR commerce, ou seja, uma experiência de compra baseada no uso de realidade virtual e aumentada. Essas tecnologias ajudam muito no momento de decisão de compra, permitindo que o cliente visualize tamanhos, cores, caimento e encaixe, entre outras características do produto, especialmente em áreas do varejo como decoração e vestuário (Jubram, 2023).

É bom ficar de olho nessa integração entre inteligência artificial, realidade virtual e aumentada em dispositivos como óculos inteligentes, uma grande aposta de empresas como Meta e Apple nos últimos anos. Esses dispositivos estão cada vez mais acessíveis, menores e mais potentes. O uso ainda está concentrado em games e experiências imersivas mais controladas, mas a expectativa é que logo mais façam parte do cotidiano do consumidor, integrando experiências físicas, digitais e sensoriais. Será?

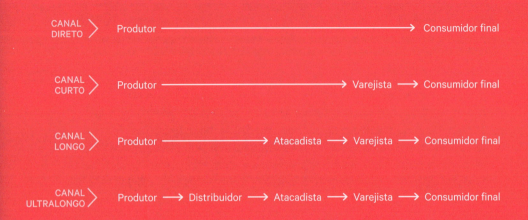
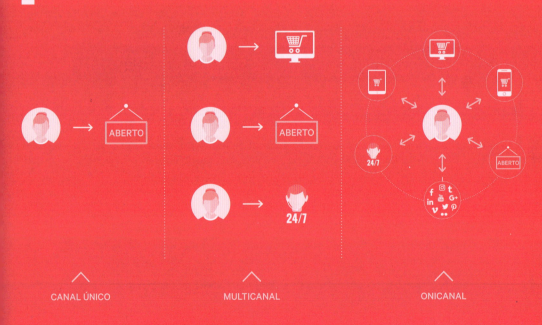

FIGURA 2 – CANAIS DE DISTRIBUIÇÃO ANTIGOS (A) E ATUAIS (B).

PROMOÇÃO

Capítulo **8**

O QUE É PROMOÇÃO?

Já temos o produto, o serviço ou o posicionamento de marca, já conhecemos bem o nosso público-alvo, já planejamos os segmentos a serem atingidos, as estratégias de preço e quais canais utilizar. Agora, de acordo com Marchesini *et al.* (2003), precisamos que o cliente ou consumidor seja impactado pela mensagem que desejamos transmitir: a promoção de produtos, serviços, benefícios, valores da marca e mensagens de relacionamento. Ou seja, impactado por uma mensagem capaz de converter a intenção em compra.

Nesse componente do mix de marketing conhecido como promoção, há muitas nuances e novos tipos de mídia. Se antes fazia sentido veicular uma mesma mensagem em todos os canais de mídia de massa, na economia digital é importante pensar em uma mensagem promocional para cada mídia escolhida (Vaz, 2011).

Antes de falar dos tipos de mídia, vale lembrar que o P de praça diz respeito aos pontos de contato do cliente ou do consumidor com o produto ou serviço. Agora, vamos atualizar o P de promoção, que é o conjunto de ferramentas utilizadas para informar o consumidor sobre os produtos e serviços oferecidos por uma empresa (Rocha; Christensen, 1999, p. 149).

Estamos esclarecendo isso porque, com o advento da internet, as coisas não são mais "cada um no seu quadrado". O ambiente digital algumas vezes pode ser entendido como o ponto de contato; outras, como veículo de mídia.

Apenas para elencar as mídias mais importantes: televisão, jornal impresso, rádio, revistas, outdoor, telefone, internet, cinema, etc. E o "etc." é vasto. A publicidade pode estar presente em toalhas de mesa de bar, sacos de pão, sacolas de supermercado, fachadas de ônibus e metrô, no assento do avião, no meio do filme, contextualizada no artigo de um blog, na catraca do estacionamento e por aí vai.

Com o cardápio extenso, a escolha precisa ser certeira. Para isso, é preciso conhecer bem o público e seus hábitos. Então, para completar a estratégia, vamos conhecer diversos instrumentos do composto de comunicação que são utilizados em uma estratégia promocional de produtos, serviços e marcas.

INSTRUMENTOS DE PROMOÇÃO

Para estudar esses instrumentos e também atualizá-los para a era digital, vamos dividi-los em seis grandes grupos: propaganda, marketing direto, promoção de vendas, relações públicas, venda pessoal e venda social (*social selling*) e serviço de atendimento ao cliente, incluindo o SAC 2.0.

PROPAGANDA

Partindo da ideia de que a propaganda é a divulgação de mensagens por meio de um veículo de comunicação, podemos considerar os seguintes tipos de propaganda (Oliveira, 2007):

Propaganda promocional → tem o foco no produto ou serviço, exalta suas características e tem como objetivo despertar o desejo de compra ou aquisição.

Propaganda institucional → torna conhecida uma marca ou instituição, com seus valores e posicionamento, em vez de anunciar produtos ou serviços específicos.

Pela penetração que as mídias de massa têm no Brasil, imaginamos que o conceito de propaganda seja bem acessível. São todas aquelas intervenções que vemos nos mais variados tipos de mídia, como televisão, rádio, jornais, cinema, etc.

Em tempos digitais, a atualização desse conceito se dá com a interatividade das mensagens e com a assertividade do público-alvo. Enquanto as propagandas veiculadas em mídias de massa atingem muita gente, inclusive seu público-alvo, na internet elas são bem mais direcionadas.

É que na internet temos acesso a uma gama de dados dos consumidores que não temos nas mídias de massa. E temos também ferramentas incríveis de veiculação de anúncios, como os links patrocinados.

LINKS PATROCINADOS

Tudo começou em 1998, quando o empresário Bill Gross criou uma plataforma que exibia resultados pagos e leilão de palavras. Isso mesmo, leilão de palavras.

A estratégia, que até hoje rege os links patrocinados, consiste em patrocinadores dando lances em palavras para as quais gostariam de aparecer nos resultados de busca. Quem oferece mais por aquele clique tem seu anúncio disponível e visível para o usuário.

Portanto, os links patrocinados são ferramentas de divulgação, de propagação de uma mensagem por um patrocinador, utilizando um veículo de mídia – nesse caso, a internet.

Em um exemplo prático, se você fizer uma busca hoje por "tênis de corrida", os primeiros anúncios serão de empresas que estão oferecendo um lance maior pelo seu clique, com base na busca por essas palavras.

Uma das grandes vantagens do link patrocinado em comparação com outras formas de propaganda, especialmente as de massa, é que o patrocinador só paga se o usuário clicar no anúncio. Aí, sim, o patrocinador será cobrado pelo famoso CPC (custo por clique), que pode variar dependendo da alta ou baixa concorrência da palavra.

Serviços como encanador, eletricista ou manutenções em geral têm palavras-chave caríssimas no Google. E a lógica é simples: a concorrência é alta. Um hábito bem comum de qualquer cidadão hoje em dia, quando tem uma demanda de manutenção de urgência, é "jogar no Google" expressões como "encanador em São Paulo", "eletricista 24h". É a mesma história de estar no lugar certo, na hora certa, ou seja, na hora da necessidade do consumidor.

A concorrência é alta, mas como esse tipo de busca sinaliza uma necessidade premente daquele consumidor, a possibilidade de que haja conversão, ou seja, de que o serviço seja contratado, também é grande.

Outras vantagens também seduzem o anunciante a optar por links patrocinados. É possível, por exemplo, escolher quanto gastar por dia e qual o valor máximo que você está disposto a desembolsar por aquele clique. Sem contar que o anúncio só aparece quando o consumidor busca por você. Ou seja, nada de atirar para todos os lados e gastar rios de dinheiro na esperança de que o cliente feche uma venda.

A divulgação via links patrocinados se harmoniza com a jornada do cliente, atraindo para seu negócio um cliente qualificado. Como bem explica Vaz (2011, p. 629):

Uma campanha de links patrocinados traz para o site um tipo de cliente diferente, que tende a ficar mais tempo no site do que os outros que vêm por meio de outras mídias. Ou seja, o usuário de site de busca tem uma tendência maior a comprar o produto e se tornar um cliente fiel, uma vez que seu nível de interesse é alto.

CAMPANHAS EM REDES SOCIAIS

O grande poder das redes sociais, como já vimos neste livro, está no relacionamento com o público de um jeito muito mais interativo, próximo e rápido.

As ferramentas são poderosas! Com a quantidade de dados disponíveis sobre o público, fornecidos por nós mesmos a esses canais, a "compra de público" se baseia em interesses, demografia e comportamento. Um conjunto assertivo e valioso para anúncios.

No entanto, o público que navega pelas redes não quer ter a sua experiência – de entretenimento, na maior parte das vezes – interrompida por um anúncio tradicional e explicitamente promocional.

Nesse ponto, concordamos com Vaz (2011) quando afirma que o público, nas redes sociais, quer se relacionar com as marcas e ter uma experiência relevante.

Então, se o seu anúncio for estritamente promocional, certifique-se de que o público impactado por ele está no momento certo da jornada para recebê-lo – por exemplo, quando, depois de ter pesquisado há pouco tempo sobre o seu produto, vir um anúncio com desconto ou uma condição especial.

Do contrário, aposte em relacionamento, em postagens interativas, com conteúdo útil. Quanto mais um anúncio for comentado e compartilhado, mais sucesso ele terá.

PROGRAMAS DE AFILIAÇÃO

Outro instrumento muito importante de propaganda na internet são os programas de afiliados.

Como eles funcionam? É de certa forma bem simples: se você tem um site ou um blog, pode disponibilizar nele um espaço para anúncios, geralmente banners ou vídeos, em um sistema de parceria (no caso mais comum, com o Google).

Por meio de uma plataforma de afiliados, como o Google Ads, o anunciante escolhe palavras-chave de interesse para, por exemplo, o seu banner, e o Google distribuirá esse banner nos espaços publicitários disponíveis entre seus parceiros que se destacam naquela palavra-chave ou no tópico de interesse do anunciante.

Se um usuário clica em um banner dentro de um blog, o dono do blog fica com uma boa porcentagem do valor daquele clique, que é repassado pelo Google.

Um exemplo prático: imagine que você tem um blog de viagens que fale bastante sobre lua de mel, destinos com mais conforto e certo luxo, e que o seu blog faça parte do programa de afiliados. Você tem um espaço na coluna da direita reservado à veiculação de anúncios.

Se uma empresa de cruzeiros marítimos utiliza a plataforma Google Ads e cria um anúncio, a probabilidade desse anúncio aparecer no seu blog, pela compatibilidade de tópicos de interesse e palavras-chave, é bem grande. E se o seu leitor se interessa pelo anúncio e clica nele, parte do custo desse clique vai para você.

MÍDIA PROGRAMÁTICA

Um dos grandes dilemas da internet é a privacidade. Não vamos nos ater a esse assunto neste capítulo, mas o fato é que o acesso cada vez maior a informações pessoais dos consumidores abriu portas para novos tipos de propaganda.

Uma delas é a mídia programática, que não compra mais os canais para veicular um anúncio, mas sim o público. E, ao escolher o público, o anúncio pode ser veiculado em diversos canais ao mesmo tempo.

Atualmente, o próprio Google Ads disponibiliza essa vantagem: deixar que o anunciante escolha as características do público e seus interesses em vez de palavras-chave ou tópicos mais ligados aos seus afiliados. Mas existem também plataformas muito robustas, especializadas apenas em mídia programática.

De acordo com Spina (2018), poder escolher o público e testar diversos criativos ao mesmo tempo, em diferentes canais, confere à mídia programática um maior retorno sobre o investimento, já que há pouca dispersão de verba.

MARKETING DIRETO

O marketing direto, também conhecido como marketing um a um, propõe-se a criar uma relação mais personalizada com o cliente.

Alguns dos instrumentos mais conhecidos de marketing direto são a mala direta, o marketing de catálogo, o telemarketing e o e-mail marketing.

Vamos repassar esses conceitos?

MALA DIRETA

Pela mala direta, o anunciante envia uma oferta, anúncio, lembrete ou qualquer outra comunicação diretamente para o endereço do cliente.

Esse é um recurso ainda bastante utilizado, mas que vem perdendo espaço para as comunicações digitais, também por uma questão de sustentabilidade, por usar muito papel.

De qualquer forma, a mala direta ainda é um instrumento interessante. Optamos por separar o e-mail marketing para tratar dele com mais cuidado, mas também pode ser visto como mala direta. E como o e-mail hoje sofre bastante com a quantidade de spams, às vezes a correspondência em casa gera um senso maior de urgência e importância, levando o consumidor ao menos a abri-la.

MARKETING DE CATÁLOGO

Talvez as novas gerações tenham perdido totalmente o contato com esse tipo de marketing, mas muitos de nós já experimentamos escolher produtos de cosméticos, por exemplo, por meio de um catálogo. A revendedora anotava nosso nome ali ao lado do produto, fazia o pedido e, dentro de alguns dias, ele chegava em nossas casas.

Com toda a gama de e-commerce e catálogos digitais disponíveis, fica evidente que esse é um tipo de marketing direto que pode entrar em desuso. Mas ainda vive! Os catálogos de fornecedores para comerciantes são bem úteis, mesmo que disponibilizados apenas on-line.

TELEMARKETING

Ele já foi muito utilizado e, por isso mesmo, hoje, se malfeito, é sinônimo de polêmica e irritação para o cliente. Vender pelo telefone é uma prática antiga, mas que precisa se reinventar. Interromper refeições, ligar em horários inapropriados ou oferecer produtos que não condizem com a realidade do cliente são alguns pontos críticos do telemarketing. Basta fazer uma busca na internet para ver que as principais notícias tratam da regulamentação dessa modalidade. Tudo por conta do excesso de reclamações dos consumidores.

Mas o telemarketing ainda tem o seu lugar ao sol se tiver um call center preparado para estabelecer relacionamentos e agir com velocidade para converter a ligação em um serviço útil ao consumidor. A tarefa é árdua, mas está levando muitas empresas a repensar suas estratégias, como não fazer ligações randômicas diversas vezes ao dia, mas falar apenas com clientes que aceitam um atendimento por telefone e já esboçaram alguma necessidade por outro canal de atendimento. O telefone pode ser uma boa ferramenta para fidelizar e incrementar o pós-venda.

E-MAIL MARKETING

A pesquisa State of Marketing aponta que o e-mail, ao contrário do que muitos pregam, ainda é uma ferramenta estratégica e preferida por 95% dos profissionais de marketing. De acordo com a pesquisa, o e-mail marketing é o segundo canal que mais gera ROI (*return on investment*, ou retorno sobre o investimento) entre as estratégias adotadas. E o mais importante: a cada dia há mais ferramentas que otimizam o relacionamento e o engajamento com bases de e-mails satisfeitas com o que recebem e com a periodicidade dos e-mails (Sacchetto, 2018).

A prática de enviar comunicados, ofertas e conteúdos por e-mail ainda é aconselhável e pode trazer ótimos resultados se observarmos alguns pontos de atenção como a personalização, a comunicação de valores da marca e a periodicidade.

Para Vaz (2011), um ponto importantíssimo para uma estratégia de e-mail marketing de sucesso é construir um mailing próprio, com uma base de e-mails de clientes que autorizaram o envio de comunicados por essa plataforma e que foram conquistados pela marca.

O que acontece, infelizmente, é que muitas empresas por aí compram bases de e-mails de outras empresas, acreditando que, pela semelhança de público, as ações podem dar certo. Mas essa é uma estratégia enganosa e ilegal, já que, de acordo com a Lei Geral de Proteção de Dados, o usuário precisa ter consentido com o envio da comunicação por aquela determinada empresa (e não por um terceiro).

O envio de e-mail marketing conta com algumas facilidades muito interessantes para o profissional de marketing, como a mensuração dos resultados, com o conhecimento específico de quem recebeu, abriu e interagiu com o e-mail, quando e quantas vezes. Além disso, o e-mail permite um rastreamento. Ou seja, é possível reconhecer quem se interessou por determinado assunto em uma newsletter e nutrir aquela pessoa com outro conteúdo semelhante ou uma oferta de produto condizente com o interesse.

Além disso, o e-mail marketing tem um custo baixo, é uma plataforma de marketing madura, já muito utilizada e conhecida pelos mais diversos públicos, e permite integração com outras plataformas de mídia, como sites e redes sociais.

O conteúdo do e-mail também é importante, pois pode gerar um relacionamento personalizado com o cliente. O e-mail também suporta diferentes formatos de mídia, como texto, imagens e até vídeos e gifs, gerando interatividade. Se um conteúdo é muito interessante para o usuário, ele tem a possibilidade de guardar o e-mail e acessar aquele conteúdo diversas vezes, o que é incrível.

Ao mesmo tempo, o e-mail marketing abrange também outros temas, como ética, falta de relevância e filtros bloqueadores. Para que não seja classificado como spam, ou seja, um e-mail indesejado pelo usuário, jogado no lixo ou reportado como incômodo, é essencial agir com ética, enviando e-mails apenas para usuários que realizaram o opt-in, ou seja, que fizeram algum tipo de cadastro em seu site e autorizaram a comunicação por e-mail com o seu negócio. E mais: esse mesmo usuário tem de ter a possibilidade de realizar o opt-out das suas listas, ou seja, pedir para não receber novas comunicações e ser atendido.

É preciso ser muito relevante. Uma boa dica é nunca enviar e-mails para toda a sua base, mas criar segmentos, ou seja, listas menores, divididas por interesses de acordo com informações que você capta no relacionamento e na nutrição da sua base.

Por exemplo, se você é uma agência de viagens e envia uma newsletter com pacotes de turismo para conhecer Fernando de Noronha, você pode colocar todos os usuários que clicaram naquele conteúdo em uma lista separada e identificá-la como "destinos nacionais" ou "destinos de praia". A partir daí, sempre que houver um pacote promocional para destinos nacionais ou de praia, você pode falar diretamente com esse público e oferecer a ele pacotes interessantes.

Portanto, ter uma boa estratégia de e-mail marketing significa ser ético, dinâmico, segmentar e oferecer sempre conteúdos úteis e relevantes para a sua base. Combinado?

PROMOÇÃO DE VENDAS

MERCHANDISING

Primeiro, vou contar um fato engraçado. Meu pai é um assíduo frequentador de supermercados. Sempre que tem um motivo (que pode ser um vidro de palmito), ele vai ao supermercado.

Como frequentador periódico, vira e mexe ele é impactado por promoções de vendas, que são aquelas divulgações de produtos e serviços em contato direto com o consumidor no ponto de venda. E, sendo um senhor simpático como ele é, adora as degustações de supermercado. Além de experimentar o produto, aproveita para bater um papo.

Certo dia ele me contou que, ao saber de uma degustação de vinhos e queijos no supermercado no dia seguinte, marcou na agenda o "compromisso" e chamou até um amigo para lhe fazer companhia! E lá foi ele, rumo ao supermercado, para aproveitar a demonstração e degustação dos produtos, como se estivesse indo a uma festa.

O interessante é que, ao contar a história, ele também disse: "Ah, mas eles também lucram comigo. Quase sempre trago um produto para casa". Esse é o meu pai!

A história foi para descontrair, mas mostra a importância, mesmo nesse mundo digital, de um contato direto com o consumidor e de como isso pode fazer a diferença.

Acredito que o supermercado seja um lugar propício para ver in loco quase todos os tipos de promoção de vendas. Você pode encontrar demonstrações de máquinas de café e amostras grátis de queijos e patês variados, liquidações de produtos que precisam ser escoados, concursos para ver quem leva para casa um brinde ou desconto, e mais. E agora, quando você observar tudo isso, ainda vai lembrar do meu pai, que encarou como "compromisso" o dia de degustação no supermercado!

Todas essas ações, assim como a forma de dispor os produtos em prateleiras e corredores dentro de um ponto de venda, são também conhecidas como merchandising.

> **Definimos (os marketólogos) merchandising como toda ação promocional, ligada à presença física do produto, feita por meio de material de comunicação, para aumentar a visibilidade do produto no ponto de venda (Oliveira, 2007, p. 255).**

Ainda nas promoções de vendas, temos as feiras e eventos. Bem organizados e adequados para o público convidado, as feiras e os eventos podem movimentar os negócios, servir de vitrine para lançamentos e fazer demonstrações bem perto do consumidor.

Uma forma muito interessante de realizar a promoção de vendas do seu produto ou serviço é agregar à programação um conteúdo relevante para o público, como palestras, mesas-redondas, entrevistas, etc., tendo como pano de fundo o seu setor e a importância da sua participação no mercado.

Por vezes intituladas de merchandising, as inserções de produtos em narrativas da televisão, cinema, músicas, etc. também são conhecidas como *product placement*. Elas têm se tornado muito recorrentes em filmes e novelas, em cenas nas quais aparecem marcas de carro, produtos de beleza, etc., às vezes até com uma fala do artista sobre o produto.

MERCHANDISING DIGITAL/MARKETING DE INFLUENCIADORES →

Essa estratégia invadiu também a internet. Com a ascensão dos influenciadores digitais, com seus seguidores de características bem específicas e dispostos a fazer de tudo para se identificar com o influenciador, as marcas transpuseram o merchandising das mídias de massa para a internet.

É comum encontrar blogueiras de moda e maquiagem que são pagas para usar produtos de uma marca específica e recomendá-los a seus seguidores, ou mesmo blogueiros de viagem que experimentam determinada hospedagem com tudo pago por uma marca e depois divulgam como foi sua experiência, convidando os leitores a experimentar o serviço. Patel (2019a), em artigo on-line, lembra que, nesses casos, "estamos falando de menções a um produto ou serviço, de forma sutil e implícita, diferente do que ocorre em um anúncio". Mas atenção: mesmo que o influenciador faça o conteúdo parecer natural, se a divulgação for paga, ele sempre deve indicar que se trata de uma publicidade.

Esse tipo de merchandising, muito mais de nicho, vem ao encontro de uma mudança de perspectiva com relação ao conceito de merchandising que sempre imperou em grandes cadeias varejistas.

De acordo com Vishwanath e Rigby (2006), por mais de meio século as grandes cadeias de mercados varejistas apostaram na padronização de seus formatos, operações, processos de marketing, promoções. Elas exigiam insistentemente esses padrões de eficiência de seus fornecedores. Mas, para os autores, essa era da padronização chegou ao fim.

Isso porque as comunidades de consumidores estão a cada dia mais diversas, em origem étnica, valores, estilo de vida.

O que entra em cena agora, na era do merchandising digital, é a customização, a oferta personalizada para um consumo local com linhas de produtos diferenciados, preços diferenciados, marketing diferenciado. Vishwanath e Rigby (2006) veem esse processo como uma transição da padronização global do serviço para uma abordagem local, adotando estratégias específicas para cada negócio e levando em consideração as características locais.

RELAÇÕES PÚBLICAS

Entre todas as atividades de comunicação, a de relações públicas é uma das mais complexas de se definir. Frequentemente há confusão de termos e de atividades. No artigo "O que é, afinal, relações públicas?", após discorrer sobre essa dificuldade de conceituação, Dantas (2016, p. 6) resume:

> [...] entendemos as relações públicas como um conjunto de atividades que visa harmonizar os interesses privado e público, melhorando a imagem do cliente perante a opinião pública e gerando, consequentemente, capital financeiro ou social para o mesmo.

Essa harmonia, de acordo com o autor, vem de um trabalho de comunicação entre o profissional de relações públicas e o corpo diretivo da empresa, que busca entender como o negócio pode continuar gerando lucro atendendo a um interesse privado ao mesmo tempo que atende aos anseios do consumidor por preços justos, qualidade e responsabilidade social.

São funções do profissional de relações públicas, segundo Dantas (2016):

- **Assessoria de imprensa →** elaboração de conteúdos a serem distribuídos para a imprensa, além de coletivas para divulgar características do produto ou serviço e políticas da empresa.

- **Estudos institucionais →** para demonstrar a reputação da marca perante o público externo e o nível de satisfação dos colaboradores internos.

- **Comunicação interna →** elaboração de materiais para o alto escalão da empresa, treinamento e capacitação de equipes responsáveis por atender o público em nome da empresa.

- **Gestão de eventos institucionais →** organização de eventos para integrar fornecedores e trazer atualização profissional para o corpo diretivo.

- **Responsabilidade social →** criação de projetos de responsabilidade social junto ao poder público a fim de associar valores humanitários à empresa.

VENDA PESSOAL E VENDA SOCIAL (*SOCIAL SELLING*)

A propaganda de massa ou veiculada pela internet funciona bem para produtos e serviços de consumo geral. Mas e quando o produto é complexo, o serviço muito técnico, o valor muito elevado, ou o ciclo de vendas muito longo?

Então entra em cena o papel do vendedor pessoal, que, para Vaz (2011), é o melhor meio de comunicação entre a organização e os clientes, com o importante papel de conquistar e fidelizar.

Quando falamos em venda pessoal, falamos de uma comunicação individualizada, de pessoa para pessoa, diferente da propaganda que atinge a muitos de uma vez só.

Exemplos que envolvem a venda pessoal geralmente dependem de uma negociação entre a empresa e o consumidor. Esse é o caso, por exemplo, da comercialização de matéria-prima para grandes indústrias, ou de um automóvel em uma concessionária, ou ainda da venda de um apartamento ou joia de valor.

Mas, nesse caso, a internet e as redes sociais trouxeram uma atualização muito interessante e válida para a atividade do vendedor pessoal. Vamos conhecer a venda social, ou *social selling*?

Ao acompanhar as movimentações profissionais de potenciais compradores, seus anseios e os conteúdos relevantes para eles, o vendedor pode se poupar das chamadas *cold calls*, aquelas ligações em que não se sabe nada sobre o consumidor e mesmo assim se faz uma tentativa de venda.

Com a ajuda das redes sociais, o vendedor consegue, antes mesmo de uma aproximação comercial, ter um mínimo de conhecimento sobre as necessidades do comprador, a fim de fazer um contato mais proveitoso e customizado.

A rede social LinkedIn, por exemplo, tem produtos específicos para *social selling*, mas essa é uma prática que pode ser adotada utilizando outros canais sociais ou uma integração entre eles.

De acordo com Sam Kusinitz (2017), a venda social ocorre quando o vendedor usa as redes sociais para interagir diretamente com consumidores em potencial. Nessa modalidade, o vendedor pode demonstrar valor por meio de conteúdos pelas redes sociais até que o consumidor esteja pronto para comprar – em outras palavras, pode nutrir o consumidor até que ele entenda a consistência e a importância do produto e aceite negociar com o vendedor.

Mark Lindwall (2014), da Forrester Research, afirma que 77% dos executivos que tomam decisões de compra acreditam que os vendedores não compreendem o suficiente sobre os seus negócios. Por isso, um relacionamento antes da negociação tem se mostrado importante na hora de transformar o marketing em vendas.

SERVIÇO DE ATENDIMENTO AO CLIENTE E O SAC 2.0

Visto na maior parte das vezes como o canalizador de problemas e reclamações, o serviço de atendimento ao consumidor pode e deve ter um papel essencial na estratégia de conhecimento do produto ou serviço.

Esses serviços têm a função de estabelecer um canal direto entre o consumidor e a empresa. Por esse canal, o consumidor busca soluções de problemas, faz sugestões e reclamações e tira dúvidas.

Por telefone, redes sociais ou aplicativos de conversa, os canais de atendimento ao cliente são fundamentais para colher a percepção e o sentimento do público com relação ao negócio e gerar um ciclo de melhoria na empresa. Por isso, são reconhecidos também como ferramentas de pós-venda ou de sucesso do cliente, por priorizarem a satisfação do consumidor após adquirir um produto ou serviço.

Hoje em dia é quase imprescindível que a empresa, além de telefone e outros métodos, possua um SAC 2.0, ou seja, faça uso de canais digitais como redes sociais, chats e e-mails. O propósito é o mesmo, mas esses canais demandam uma linguagem própria, além de mais celeridade. A internet tem uma característica de velocidade e instantaneidade, e ao buscar esses meios o consumidor espera um atendimento compatível com as características do canal.

Além disso, um discurso bem alinhado com os valores da companhia pode conquistar novos consumidores ou fidelizar quem já é cliente.

Sobre esse assunto, vale destacar a humanização no serviço de atendimento. Um exemplo que circulou na internet foi de um cliente que, ao solicitar um novo cartão a uma empresa financeira, explicou que o antigo havia sido comido pela cachorrinha Belinha. O atendente da empresa enviou o novo cartão acompanhado de uma carta escrita à mão e de um brinquedinho (roxo, que é a cor da identidade da marca) para a Belinha brincar.

Por essas e outras, a empresa, que possui um atendimento ao consumidor totalmente digital, vem se destacando em rankings de satisfação.

TRANSMÍDIA E CONVERGÊNCIA

Por fim, desejamos propor uma reflexão sobre o novo contexto da promoção na era digital. Vimos alguns dos principais instrumentos para que uma mensagem concisa e relevante sobre o seu negócio chegue até o público. O que acontece, no contexto digital, é que os meios utilizados para que essa mensagem atinja o seu objetivo podem hoje se misturar, complementando-se.

Por isso, Martha Gabriel (2010, p. 110-111) explica o que é transmídia e convergência como pano de fundo para uma estratégia bem-sucedida de promoção no mundo contemporâneo:

> Transmídia é o uso integrado das mídias, de forma que uma história ou mensagem ultrapasse os limites de um único meio. Segundo Filgueiras (2008), transmídia pode ser definida como "o suporte colaborativo de múltiplas medidas para entregar uma única história ou tema, na qual a narrativa direciona o receptor de um meio para o próximo, conforme a força de cada meio para o diálogo".

Hoje é possível começar a contar a história do seu produto em um meio e terminar em outro.

Um exemplo interessante foi uma campanha desenvolvida para uma marca de biscoitos (ou bolachas?). A agência criou um game on-line para crianças que envolvia a veiculação de cards sobre o jogo em revistas infantis, a liberação de um código que destravava benefícios no jogo e um hotsite com uma versão simplificada do jogo.

Foram mais de 2 milhões de visitas e um número superior a 600 mil usuários cadastrados no jogo, com uma média de 12 minutos de permanência (Oliveira *et al.*, 2016).

Além da transmídia, temos também a convergência das mídias, que diz respeito mais ao compartilhamento comum de tecnologias:

> **Enquanto a transmídia envolve a distribuição de um conteúdo por diversas mídias, abrangendo tanto as digitais como as tradicionais, por outro lado, a convergência de mídias envolve o processo contrário – a convergência ocorre quando tecnologias que eram usadas separadas (como voz, vídeo, dados, etc.) passam a compartilhar o mesmo meio e interagem umas com as outras de forma sinérgica, criando novas funcionalidades (Gabriel, 2010, p. 112).**

Um dos livros mais conhecidos sobre o assunto é *Cultura da convergência*, de Henry Jenkins (2009). O livro traz uma reflexão interessante sobre a forma como interagimos, consumimos e aprendemos com as novas tecnologias. Basta pensar nas mil utilidades da internet ou do celular, que nos últimos anos modificaram imensamente nossa relação uns com os outros e com a mídia.

INBOUND MARKETING

Capítulo 9

NA ERA DIGITAL,
O MARKETING PEDE PERMISSÃO

Durante muitos anos, o foco do marketing tradicional esteve em perseguir os consumidores e ir atrás de clientes onde quer que eles estivessem, com o objetivo de impactá-los com mensagens publicitárias, invadindo sem permissão o cotidiano das pessoas.

Por um tempo, esse tipo de publicidade deu muito certo, e até hoje ainda tem o seu espaço. Mas, com a era digital, um outro tipo de marketing roubou a cena e ganhou a atenção dos consumidores: o marketing de permissão. O conceito tem origem em 1999, quando Seth Godin publicou *Permission marketing*. Por ter plena sinergia com o marketing digital, nos últimos anos o marketing de permissão tem sido fortemente difundido como uma estratégia assertiva.

O conceito de marketing de permissão é a base do que conhecemos atualmente como marketing de conteúdo, sustentado por Kotler, Kartajaya e Setiawan (2017) como "o futuro da publicidade na economia digital".

Com o marketing de conteúdo, sai de cena aquela propaganda seca, que se intromete no cotidiano do usuário para oferecer um produto, e entra em seu lugar um conteúdo envolvente, útil e relevante, que busca gerar interação com o consumidor para somente depois lhe apresentar um produto.

E qual é a inversão da lógica aqui? Em vez de correr atrás do público, é o público que é atraído pelo conteúdo e toma a decisão de entrar naquela conversa quando e onde quiser.

Por isso, a principal metodologia de marketing de conteúdo é conhecida como inbound marketing. E inbound é aquela viagem que se faz ao retornar para o seu ponto de origem. É trazer o cliente para dentro de um dos canais da empresa, para conversar com ele sobre suas necessidades, dores e desafios, conseguir sua confiança e só então conquistá-lo para a conversão.

Kotler, Kartajaya e Setiawan (2017, p. 148) ainda afirmam que "o conteúdo se tornou a nova propaganda e as #hashtags usadas na distribuição de conteúdo pela mídia social igualaram o papel dos slogans tradicionais".

Mas, para que o conteúdo gere resultados, é essencial que uma estratégia bem definida seja adotada pela empresa.

O QUE É O INBOUND MARKETING?

Se Seth Godin foi quem definiu o conceito de marketing de permissão, o inbound marketing ganhou o mundo quando Brian Halligan, cofundador da HubSpot, passou a adotar o termo.

Um dos principais livros sobre o assunto ainda é o do próprio Halligan, em coautoria com seu parceiro de empresa Dharmesh Shah: *Inbound marketing: seja encontrado usando o Google, a mídia social e os blogs* (2009). Mas não faltam livros e artigos sobre o assunto que apresentam a metodologia de inbound sob o prisma de diversos especialistas.

Escolhemos uma definição bem simples:

> **Inbound marketing é o conjunto de estratégias de marketing que visam atrair e converter clientes, usando conteúdo relevante. Diferente do marketing tradicional, no inbound marketing a empresa não vai atrás de clientes, mas explora canais como mecanismos de busca, blogs e redes sociais para ser encontrada (Resultados Digitais, 2016).**

E o que acontece quando o público morde a isca e aceita o seu conteúdo? Isso significa que você está atraindo para os canais da sua empresa um usuário altamente qualificado para se tornar um cliente, afinal o conteúdo que você divulgou atende às necessidades daquele público e você sabe que o seu produto ou serviço é capaz de supri-las de alguma forma.

Então, quando o peixe morde a isca (com o perdão da analogia e todo respeito a nossos consumidores), chega a hora de atraí-lo para dentro do barco, oferecendo-lhe outros tipos de interação, como formulários, chats ou materiais com conteúdos mais completos. É importante fazer o consumidor fornecer seu contato, para que você possa nutrir uma relação de confiança até que ele se sinta confortável em adquirir o produto ou serviço.

Mas, calma, vamos abordar cada etapa dessa metodologia com bastante atenção para que você entenda como tudo funciona.

O importante é já ter em mente que o inbound marketing é uma metodologia de marketing de conteúdo atrelada a uma estratégia de vendas. Seus principais objetivos são atrair leads qualificados – pessoas interessadas em algum produto ou serviço da empresa –, gerar mais vendas e tornar a marca conhecida.

O FUNIL AIDA
E O FUNIL DE VENDAS DO INBOUND

A estratégia do inbound também se baseia em um funil de vendas. Talvez você já tenha ouvido falar do famoso funil AIDA, criado por Elmo Lewis no final do século XIX, e que mais tarde foi associado a uma estratégia de marketing e vendas na qual cada etapa do funil correspondia a uma etapa percorrida pela mensagem de marketing até a conversão do consumidor em cliente.

AIDA significa atração, interesse, desejo e ação. Ou seja, as fases em que o marketing "namora" o consumidor até que ele se torne um cliente e efetive o casamento com a equipe de vendas.

Ao longo dos anos, esse funil passou por algumas adaptações, e o inbound marketing propôs uma atualização dele para melhorar o desenvolvimento estratégico.

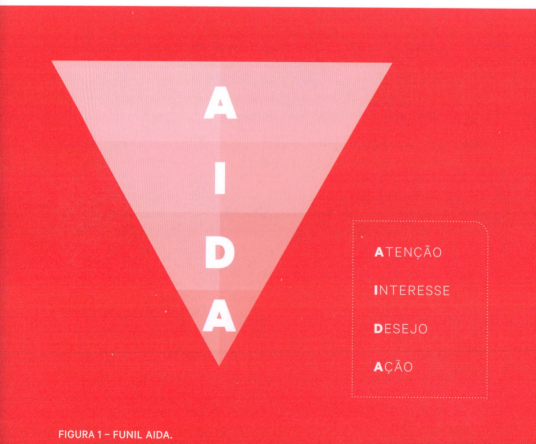

FIGURA 1 – FUNIL AIDA.

No funil do inbound, no topo estão as ações de aprendizado e descoberta. É aqui que o cliente tira dúvidas comuns e aprende novos conceitos. Ele não sabe ainda que tem um problema ou uma demanda e não está pronto para comprar. No meio do funil, as ações serão de consideração e intenção. Aqui, o cliente já está mais consciente e se engajando com a sua empresa. É hora de aprofundar tanto o conhecimento quanto o relacionamento. Já no fundo do funil, as ações de conteúdo devem remeter a uma avaliação e decisão de compra. O cliente já passou por um processo de nutrição e está pronto para ter contato com soluções e ofertas mais diretas.

Contemplando os pilares do inbound e essa jornada do cliente, o funil ficou dividido em algumas etapas – dependendo da fonte, ele pode ser dividido em três, quatro, cinco e até seis etapas. Nós vamos nos ater a cinco delas: atrair, converter, relacionar, vender e analisar.

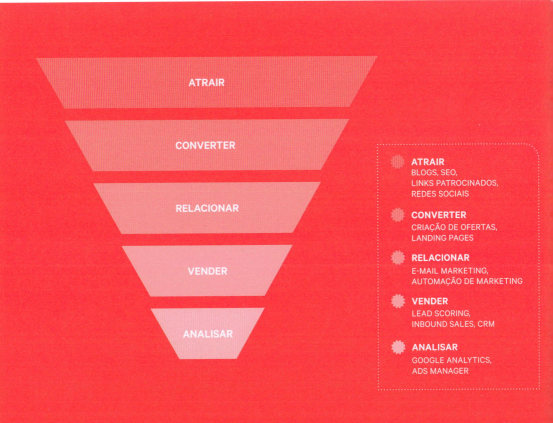

FIGURA 2 – FUNIL DO INBOUND MARKETING.

Uma premissa importante é entender que, no marketing digital, essas etapas podem não ser seguidas à risca. Hoje já se fala inclusive em um funil em espiral, já que o comportamento do consumidor não é tão previsível. Ele pode passear por essas diferentes etapas, especialmente antes de fechar uma venda, por diferentes canais, inclusive os off-line (como vimos no capítulo 7), para só então se tornar cliente.

Vamos conhecer cada etapa para que você termine esse livro com uma estratégia bem delimitada de inbound marketing?

A METODOLOGIA DO INBOUND MARKETING

Como já dissemos, a metodologia do inbound utiliza o conteúdo para conquistar confiança, gerar credibilidade e acompanhar o consumidor em todas as etapas da jornada de compra, desde o momento em que ele não sabe ainda que tem uma necessidade até sua descoberta e conversão em cliente.

Uma estratégia de sucesso em inbound marketing passa pelas seguintes etapas: atrair, converter, relacionar, vender e analisar.

ATRAIR

Na fase de atração, vamos produzir conteúdo útil e relevante para que as pessoas cliquem por livre e espontânea vontade, por se interessarem em determinado assunto. Se você for uma agência de viagens, você pode falar de roteiros interessantes para o seu público ou de dicas práticas para viajar com idosos ou crianças, por exemplo. Se você for um e-commerce de roupas infantis, pode utilizar conteúdos sobre maternidade, educação de filhos, etc. Ou, ainda, se você prestar um serviço de consultoria ambiental, pode falar sobre sustentabilidade, redução de emissão de gases poluentes em empresas, e por aí vai. Muito provavelmente o seu público de interesse sentirá atração por algum desses conteúdos, escolherá clicar e terá contato com um dos canais da sua empresa.

Na fase de atração, como fazer para que o seu conteúdo chegue até o público? Eis algumas ferramentas:

- **Blogs**

  Ter um blog em seu site é uma ótima maneira de desenvolver para o seu público conteúdos leves, dinâmicos e mais aprofundados. O blog tem a vantagem de anexar ao seu site palavras-chave pelas quais a sua empresa deseja ser encontrada.

SEO

Todo o conteúdo do seu site, incluindo aquilo que você produz no blog, deve ser otimizado para os mecanismos dos sites de busca. Para isso, é preciso conhecer uma série de ações que podem ajudar o seu site a aparecer nas primeiras páginas de resultados. SEO em inglês significa *search engine optimization*, ou otimização dos mecanismos de busca, em tradução livre. O SEO é a estratégia orgânica que torna o seu site "encontrável" nos mecanismos de busca. Chamamos isso de estratégia on-page, já que as ações de otimização são feitas no site. Existem também as estratégias off-page, que compreendem ações externas ao site, como links em sites parceiros, acessos por meio de compartilhamentos em redes sociais, comentários em outros locais indicando o seu site, etc.

SEO é um tema complexo, mas essencial para o marketing de conteúdo. Por isso, sugerimos que você se aprofunde mais sobre o assunto, buscando aprender os conceitos e a parte mais técnica, que envolve os códigos da página e a estrutura do conteúdo e do site.

Algumas dicas bem básicas: fique atento para que o seu conteúdo seja relevante e atualizado; para que a sua URL seja amigável, não contendo números ou códigos, mas palavras-chave; que o seu site tenha o campo da descrição bem estruturado e com até 150 caracteres, resumindo o que o usuário vai encontrar nele e contemplando a palavra-chave (a descrição é o parágrafo apresentado nos mecanismos de busca após o título); que o seu título contenha também a palavra-chave, e que os seus subtítulos (h1, h2... h6) resumam por ordem de importância o seu conteúdo; que a sua página tenha links internos; que a frequência da palavra-chave obedeça a uma boa proporção com relação ao tamanho do texto, etc. Há ainda outras ações, mais técnicas, relativas à estrutura das páginas e sites, e que envolvem conhecimentos de desenvolvimento e programação.

Links patrocinados

Já falamos deles no capítulo 8. Links patrocinados também são meios de atração, pois podem ser inseridos estrategicamente em resultados de buscas para palavras-chave que atraiam seu público-alvo, na rede de pesquisa, na rede de display ou para públicos muito bem segmentados em redes sociais.

Redes sociais

As redes sociais são essenciais para disseminar conteúdo útil e relevante para o público e gerar conversas sobre ele. Veicule seu conteúdo em posts interessantes, com imagens claras e chamativas e descrições intuitivas, e as redes sociais desempenharão todo o seu poder de atração.

CONVERTER

O usuário foi atraído pelo seu conteúdo, por exemplo, em uma rede social, indo parar no seu blog. E agora?

A conversão diz respeito à captura dos dados desse usuário para que você tenha o contato dele e possa nutri-lo em sua estratégia de inbound, até o ponto em que ele esteja preparado para fechar um negócio.

Como fazemos, então, para transformar esse simples visitante em um lead qualificado, obtendo ao menos o seu e-mail?

Algumas ferramentas são:

Criação de ofertas

Podemos oferecer ao visitante um material que o ajude a resolver um problema, aprofundar um conhecimento, experimentar uma solução. São exemplos desses materiais os e-books, os webinars[1] e os infográficos, bem como os orçamentos, a demonstração de softwares, os testes gratuitos, entre outros. Para ter acesso a essa oferta sem custo, o visitante deverá deixar alguns dados, como nome e e-mail. E ele geralmente faz isso de bom grado, por ser uma relação recíproca de ganha-ganha. Você faz uma oferta útil e ele deixa o contato para um relacionamento futuro.

Landing pages

Para acessar esses materiais e deixar seus contatos, os visitantes provavelmente terão acesso a páginas de destino, ou *landing pages*, focadas em um determinado assunto, com um título que descreva o conteúdo daquela página – como "O guia completo sobre inbound marketing" –, um formulário de conversão com campos básicos, geralmente nome, e-mail e localidade, e um botão de chamada para ação, ou *call to action*, bem destacado. Também é comum que as *landing pages* apresentem mais detalhes sobre o material na parte abaixo da "dobra" da página, que pode incluir depoimentos de quem já teve acesso ao material, por exemplo.

---

1 Uma conversa, seminário ou palestra realizada na internet, com ouvintes em ambiente virtual.

RELACIONAR

É nessa fase que vamos começar o relacionamento com o lead. Agora, com o seu contato, podemos utilizar ferramentas para conhecer um pouco mais sobre ele e guiá-lo para o fechamento da compra.

Veja a seguir algumas estratégias de relacionamento com os leads:

E-mail marketing

Ele chegou a ser desacreditado, mas, com o avanço do marketing digital e o surgimento de softwares capazes de segmentar bases de dados, o e-mail marketing ainda é uma das ferramentas com melhores resultados de conversão. Aliás, segmentar é a palavra de ouro do e-mail marketing. Com a segmentação é possível enviar apenas mensagens relevantes para os destinatários. Esqueça aqueles e-mails enviados para toda a sua base. Um pequeno exemplo: se você é uma agência de viagens e converteu o seu visitante em lead com um guia de destinos de praias pelo Brasil, você já pode incluir esse lead em uma segmentação de turismo nacional e enviar para ele algumas opções de roteiros, como Jericoacoara, Maragogi, Porto Seguro, entre outros.

Automação de marketing

Com o auxílio de uma ferramenta, as ações de marketing podem ser automatizadas, agilizando o fluxo de nutrição de leads. É possível, por exemplo, automatizar um e-mail de boas-vindas sempre que um novo lead entra em sua base de contatos. Ou, ainda, enviar um segundo material ou convite para um webinar a um lead que acaba de converter em um e-book. Isso pode ser feito em um intervalo de tempo configurado na ferramenta, de imediatamente até alguns dias ou semanas depois.

Esse processo gera o que chamamos de "nutrição de leads". Você pode inclusive fazer uma automatização para que um lead receba suas ofertas de produtos ou serviços após converter tantas vezes ou após uma ação já considerada como a de um lead pronto para ter contato com a sua oferta.

VENDER

Todo esse trabalho só tem sentido se o inbound marketing trabalhar pelos objetivos de negócio da sua empresa, não é mesmo? Como uma boa estratégia de marketing, o seu fim deve ser a comercialização de produtos e serviços ou, se esse for o objetivo da empresa, o conhecimento da marca.

A fase do fechamento, após o lead ser impactado e nutrido algumas vezes e já ter um bom relacionamento com o seu negócio, também envolve conteúdo. No entanto, agora, o conteúdo deve ser produzido com a equipe de vendas.

Pode ser que o fechamento da venda ocorra em seu próprio site, mas, dependendo da complexidade e do valor do produto ou serviço, é possível que um vendedor precise ter contato direto com o lead.

Então, com os vendedores, é possível encaminhar o lead para a conversão em vendas por meio de contatos telefônicos, estudos de caso, pesquisas de mercado, testes e demonstrações de produto, entre outras ações.

Algumas ferramentas que ajudam nessa fase são:

- **Lead scoring**

  Algumas ferramentas de inbound marketing oferecem a possibilidade de dar uma pontuação ao lead, dependendo do seu estágio de nutrição. Uma pontuação baseada em sinergia de perfil do lead com o produto ou serviço, ou interesse do lead no negócio. Essa pontuação auxilia no processo de repasse de leads do marketing para vendas, proporcionando um contato mais assertivo.

- **Inbound sales**

  Por meio do *inbound sales*, o profissional de vendas se relaciona com o lead em potencial por meio de ferramentas dentro da própria empresa, evitando deslocamentos e custos de transporte. Ele pode oferecer reuniões e treinamentos virtuais, por exemplo, em vez de ir até o cliente.

- **CRM**

  A sigla em inglês significa *customer relationship management* e se refere ao auxílio de um software para organizar, medir os resultados e guardar em um histórico as negociações do vendedor.

ANALISAR

Uma das possibilidades do marketing digital que mais me atraem é poder medir os resultados com muito mais consistência do que no marketing tradicional. As ferramentas hoje em dia são muito poderosas! É possível monitorar todas as ações do seu público, dos seus leads, em cada conteúdo, post, campanha ou página do seu site, além de fazer comparações entre períodos e testes de performance.

Por isso, a análise não deve ser realizada apenas no final do processo, mas deve acompanhar todas as etapas, com testes constantes de resultados. Esse é o pote de ouro do marketing digital e deve ser bem aproveitado.

Algumas ferramentas, como o Google Analytics, são gratuitas e recheadas de informações valiosas. Além disso, as próprias ferramentas de mídia (por exemplo, o Meta Ads para Facebook e Instagram) também monitoram bem de perto essas interações.

E aí? Acabou?

Não mesmo! Venda fechada, análises feitas, agora é hora de encantar o seu cliente e torná-lo um promotor da sua marca.

Nesse ponto, entram em cena as estratégias de sucesso do cliente e de relacionamento ativo. Se a venda entrega um produto ou serviço de uso contínuo, uma equipe estará sempre ao lado do cliente, ajudando-o com treinamentos, conversas e materiais mais profundos sobre como aproveitar melhor a sua solução.

Se a venda resulta em uma ação única, como um produto em um e-commerce, não se esqueça do seu cliente! É hora de criar uma régua de relacionamento com ele, oferecendo os produtos e os conteúdos certos para quem já conhece o seu negócio.

Aqui, vale lembrar que falamos anteriormente neste livro sobre como um cliente satisfeito deve ser parte da sua estratégia de marketing, tornando-a mais efetiva e até mesmo mais barata. Um cliente satisfeito que recomenda a sua empresa é muito mais valioso do que qualquer anúncio de milhões no mundo digital.

SMARKETING → INTEGRANDO OS TIMES DE MARKETING E VENDAS

Vale acrescentar ainda um ponto muito importante para o desenvolvimento saudável da metodologia de inbound marketing. Apesar de o trabalho de marketing ser mais intenso em algumas fases do funil e o de vendas em outras, nenhuma das fases aqui estudadas deve ser planejada sem a integração dos dois times.

Por muito tempo, marketing e vendas trabalharam em mesas separadas, até mesmo em andares separados, e eram considerados quase antagonistas como departamentos.

A culpa por negócios não fechados era jogada de um time para o outro. Ou o time de marketing não tinha feito o trabalho de qualificação de leads corretamente, ou o time de vendas tinha sido incapaz de fechar o negócio nutrido com tanto zelo pelo time de marketing.

Um dos conceitos que mais me chamou a atenção quando comecei a estudar o inbound marketing foi o smarketing (um termo muito usado no mercado e que pode aparecer sob outras nomenclaturas). Trata-se da junção de vendas e marketing, criando uma engrenagem que trabalha em harmonia para um negócio mais inteligente.

Como isso é possível?

Primeiramente, com metas de negócio comuns ou semelhantes para os dois times. Depois, uma comunicação transparente e fluida sobre o progresso das métricas de cada lado para se chegar a objetivos comuns. Por isso, reuniões entre os times e proximidade física são realmente importantes. Por fim, os times de vendas e marketing devem estar alinhados com relação ao desenho do público-alvo e plenamente de acordo com as segmentações a serem utilizadas na comunicação.

Essa integração entre os times é viável em grandes e pequenos negócios, portanto não há desculpas para não a implementar.

PLANO DE AÇÃO DO INBOUND MARKETING

Agora que você já conhece as diversas etapas do funil do inbound marketing, como começar o seu planejamento?

Para pensar em conteúdos certeiros para cada fase do funil, seja na atração, seja na conversão e relacionamento, seja na consideração do problema e análise da solução, no fechamento ou no encantamento, você vai precisar trabalhar em duas fases anteriores: na construção de personas e na jornada do cliente.

No capítulo sobre segmentação de mercado e posicionamento de marca, nós já mostramos como construir personas, e, no capítulo sobre públicos, como pensar na jornada de compra do seu cliente.

Isso significa basicamente dividir o seu público em segmentos e, com cada segmento, entender em que fase a persona se encontra: ela está conhecendo o seu produto, serviço ou marca? Está considerando uma solução para o problema dela ou já está na fase de decisão de compra?

Então, com a persona em mente e seus diferentes momentos nessa jornada, aí sim é possível desenvolver um plano de conteúdo para cada uma dessas fases.

As ideias devem ser colocadas em planilhas. Vamos usar como exemplo uma agência de viagens que oferece roteiros para a Itália como um de seus serviços. Uma persona interessada em conhecer o país pode ser uma senhora na melhor idade, aposentada. Agora veja, na figura 3, como pode ser feito um planejamento de conteúdo que contemple as diversas fases da jornada dessa persona.

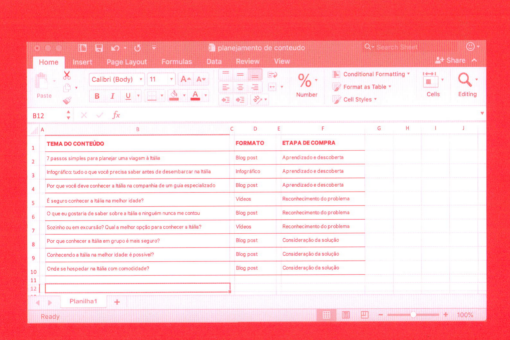

FIGURA 3 – EXEMPLO DE PLANILHA DE PLANEJAMENTO DE CONTEÚDO.

A partir daí, basta montar um calendário de conteúdo, atrair, relacionar, nutrir o lead e prepará-los para fechar uma venda!

TENDÊNCIAS DO MARKETING DE CONTEÚDO

Antes de finalizar este capítulo, vamos falar sobre algumas tendências do marketing de conteúdo? De acordo a Resultados Digitais e a Rock Content, duas empresas de marketing de conteúdo bem-sucedidas no Brasil, a cereja do bolo para as estratégias de inbound nos próximos anos será a expansão do uso da inteligência artificial (veja mais sobre esse tema no capítulo 12).

Em 2024, a pesquisa Panorama de Marketing e Vendas (realizada anualmente pela Resultados Digitais) apontou que a IA é a principal tendência de marketing na visão de 61% dos profissionais da área. Em seguida, vem a atuação omnichannel, com ampliação de canais de contato (40%), a venda por meio de redes sociais (38%), o conteúdo em vídeo (38%) e o storytelling com dados (35%), para citar as cinco tendências mais votadas.

A perspectiva é que a IA continue a revolucionar o processo de criação de conteúdo (Hilson, 2023), sempre assistido por uma pessoa, e com a tecnologia cada vez mais embutida nas ferramentas de análise de dados, personalização e automação de marketing. Daqui para frente, pode ficar cada vez mais simples otimizar envios de e-mails e criar listas de leads mais qualificadas (RD Station, 2024).

Vender mais com estratégias de marketing digital também parece estar relacionado a oferecer aos clientes diversos pontos de contato com a empresa (omnichannel). E não apenas para conversão, mas para solucionar dúvidas e entregar um relacionamento que seja uma verdadeira experiência, combinando a eficiência dos chatbots com a personalização do atendimento humano no momento certo da jornada.

FIGURA 4 – PRINCIPAIS TENDÊNCIAS DE MARKETING SEGUNDO PROFISSIONAIS DA ÁREA.
Fonte: adaptado de RD Station (2024).

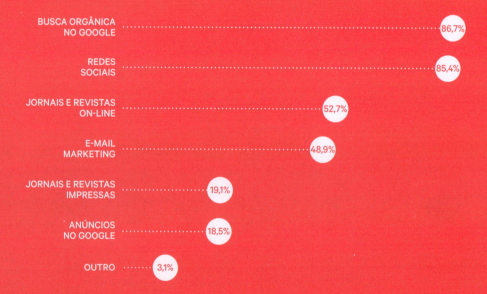

FIGURA 5 – PRINCIPAIS CANAIS UTILIZADOS PARA A PROCURA DE CONTEÚDO E INFORMAÇÕES.
Fonte: adaptado de Relatório Content Trends 2018 (Rock Content, 2018).

PESQUISA DE MARKETING NA ERA DO BIG DATA

Capítulo **10**

O QUE É A PESQUISA DE MARKETING?

A American Marketing Association (2004, tradução nossa) define a pesquisa de marketing da seguinte maneira:

> **É a função que liga o consumidor, o cliente e o público a quem realiza marketing, por meio da informação, usada para identificar e definir as oportunidades e os problemas do marketing; gerar, refinar e avaliar a ação de marketing; monitorar o desempenho do marketing; e aperfeiçoar o entendimento de marketing como um processo. A pesquisa de marketing especifica a informação necessária destinada para esses fins, projeta o método para coletar informações, gerencia e implementa o processo de coleta de dados, analisa os resultados e comunica os achados e suas implicações.**

Como explica Patel (2019b), a pesquisa de marketing é peça-chave para um bom plano de marketing e deve embasar o posicionamento de cada um dos compostos do mix de marketing.

E o que acontece com a pesquisa na era dos grandes volumes de dados disponíveis na internet?

Por vezes, os dados não são transformados em valor, seja por não haver inteligência dentro da empresa para isso, seja pela falta de um objetivo específico ao conduzir uma pesquisa. A estrutura da sua pesquisa precisa ser clara, ter o foco em responder algum questionamento e apresentar um resultado para os gestores.

Quando as pesquisas conseguem cumprir bem o seu papel, os insights podem ser surpreendentes! As pessoas tendem a confiar mais em dados do que em informações obtidas apenas com percepções, e isso pode ser a chave para uma verdadeira guinada nos negócios.

Outro ponto muito positivo é a oportunidade de se relacionar com o seu cliente ou consumidor, criando uma relação mais próxima, em que todos ganham. Como aponta Rossi (2003, p. 114): "A proximidade permite perguntar e, quanto mais sabemos, mais relacionamento podemos criar".

Com a internet, ficou muito mais simples realizar pesquisas de marketing, tratar dados, divulgar resultados. É preciso apenas saber envolver os respondentes, deixando bem claro quanto tempo eles levarão para contribuir e como aquela informação trará recompensas para eles – com um atendimento melhor, um produto melhorado ou até mesmo um brinde por colaborar com a marca.

Uma última dica geral é contratar uma agência ou empresa especializada para conduzir uma pesquisa de marketing, se essa não for a sua expertise. Se não houver renda para isso, estude bastante e estruture bem o seu questionário antes, para não perder dinheiro. O ideal, porém, é mesmo contar com ajuda especializada.

OS TIPOS DE PESQUISA DE MARKETING

Geralmente, temos três tipos de pesquisa de marketing:

1. **Pesquisa quantitativa.** Os dados são expressos em números, percentuais e proporções, por isso as questões são fechadas.

2. **Pesquisa qualitativa.** Perguntas amplas e abertas para encontrar os porquês e as razões.

3. **Pesquisa casual ou experimental.** Serve para testar hipóteses, buscando entender relações de causa e efeito (Patel, 2019b). No marketing digital, são bem comuns. Um exemplo são os testes A/B, nos quais se apresenta a uma parte da audiência um modelo e para outra uma variação desse modelo (que pode ser um texto, um layout, um título). Chega-se então à alternativa que tem melhor desempenho e que é adotada para o público geral.

POR QUE INVESTIR EM UMA PESQUISA DE MARKETING?

Para responder essa pergunta, trazemos explicações de dois autores: Oliveira (2007) e Patel (2019b) – o primeiro, referência em marketing tradicional; o segundo, em marketing digital.

Para descobrir características e oportunidades de mercado

A pesquisa pode ajudar empresas que querem ingressar em um mercado ou redefinir um posicionamento, retornando características do mercado estudado. Será que ali existe uma necessidade latente? Como o consumidor decide sua compra nesse mercado? Existe potencial para lançar um novo produto ou serviço?

Quanto mais você conhece as características do seu consumidor, mais assertivo poderá ser em suas campanhas e mensagens.

Para descobrir o potencial do mercado

Chegar a respostas sobre crescimento, estagnação ou rentabilidade do mercado em que se atua ou deseja atuar.

Para verificar a participação de mercado do negócio

Também conhecido como *market share*. É de extrema importância conhecer qual a participação do seu negócio em determinado mercado e, especialmente, investigar se existe oportunidade para abocanhar mais um pedaço dele.

Para conhecer a concorrência

Analisar o composto de marketing ponto a ponto para detectar os pontos fracos da concorrência (e enfraquecê-los mais ainda), mas também aprender com suas melhores práticas para melhorá-las e aplicá-las em seu favor. O importante é se manter em constante movimento e evolução!

Para verificar a aceitação de novos produtos

Antes de se arriscar no lançamento de um novo produto, é essencial verificar se há uma necessidade insatisfeita no mercado e se o público está disposto a aceitar uma nova solução.

Para verificar tendências

Existe uma tendência de mudança de comportamento do consumidor no mercado? Se sim, seu produto ou serviço é capaz de se adaptar ou sobreviver aos novos hábitos?

Para gerar leads qualificados

Se fizer sentido no seu mercado, é possível conduzir uma pesquisa estratégica em determinado segmento e divulgar a pesquisa em troca de informações de contato. Um exemplo: uma pesquisa sobre a adoção do marketing digital no mercado de tecnologia da informação. Os resultados dessa pesquisa podem interessar a um público muito específico que, para acessá-la, precisará deixar ao menos o e-mail em sua base de dados para um relacionamento futuro.

Para apoiar a tomada de decisões

Com a era dos dados e com pesquisas certeiras, temos a possibilidade de nunca mais nos apoiar em achismos para tomar decisões. Com informações em mãos, qualquer decisor se sente mais seguro ao mudar o rumo de uma estratégia, reduzindo os riscos de fracasso.

····● Para apoiar o time de vendas

Pesquisas também podem servir de embasamento para os times de venda, acrescentando informações importantes a seus discursos. Estatísticas sobre o seu produto ou serviço e comprovações de percentuais de ROI (retorno sobre investimento) podem dizer ao comprador que o mercado, e não só você, acha o seu produto ou serviço excelente.

Já convencemos você do quão importante pode ser uma pesquisa de marketing? Então vamos agora descobrir como desenvolver uma pesquisa bem-feita, seguindo um passo a passo, também com base em Rossi (2003) e atualizações de Patel (2019b).

AS ETAPAS DE UM PROJETO DE PESQUISA DE MARKETING

PRIMEIRO PASSO → DEFINIR O PROBLEMA

Como dissemos, de nada adianta conduzir uma pesquisa sem foco. É preciso ter bem claro qual problema precisamos resolver com os resultados da pesquisa e que tipo de informação necessitamos para isso. Aqui também definimos o local de aplicação da pesquisa e suas possíveis limitações de respondentes.

Ferramentas como o Google Trends podem ser boas opções para entender tendências de busca e identificar oportunidades, no caso de negócios e pesquisas digitais.

SEGUNDO PASSO → ELABORAR UM PROJETO DE PESQUISA

Coloque no papel como a pesquisa será feita, onde e com quem serão obtidos os dados. É aqui que definimos qual o melhor tipo de pesquisa para chegarmos aos resultados esperados e quais amostras vamos utilizar: entrevistados escolhidos pelo próprio entrevistador ou então selecionados por sorteio em uma amostra aleatória, por exemplo.

Essas informações ajudarão também a calcular os custos, contemplando fornecedores, materiais, treinamentos, etc.

Lembre-se também de testar roteiros e questionários com pequenos grupos antes de sair a campo ou disparar a pesquisa.

TERCEIRO PASSO → COLETA DE INFORMAÇÕES

Problema definido e projeto elaborado, é hora de coletar os dados, na rua ou on-line. É possível realizar entrevistas pessoais, telefônicas ou via e-mail, disparar a pesquisa com ajuda de redes sociais, e-mail marketing, influenciadores digitais, etc.

A coleta pode ser feita com perguntas abertas e respostas livres, perguntas fechadas e respostas alternativas, ou perguntas dicotômicas, com opções de "sim" ou "não" como resposta.

Use a sua criatividade para chamar a atenção dos respondentes. Teste diferentes títulos de e-mail, explique em um post em mídia social qual a importância da pesquisa e deixe claro quanto tempo o respondente levará para concluir a pesquisa e o que ele pode ganhar com isso.

QUARTO PASSO → ANÁLISE DAS INFORMAÇÕES

Após colhidos, os dados devem ser organizados, processados, filtrados e transformados em informação inteligente. Nessa fase, vale a pena se informar sobre softwares de análise de dados ou contratar uma empresa especializada. Com a internet e as novas tecnologias, o tratamento de dados ficou muito mais inteligente, inclusive com dados não estruturados. Vamos falar mais sobre isso ainda neste capítulo.

QUINTO PASSO → APRESENTAÇÃO DE RESULTADOS

Essa é a hora de elaborar relatórios com os resultados obtidos, com gráficos, painéis e análises bem fundamentadas para a tomada de decisão.

O QUE É BIG DATA?

No dia a dia, a gente acaba não se dando conta, mas tudo o que publicamos e fazemos em nossas redes sociais (fotos, vídeos, curtidas, buscas, cliques em anúncios ou links) está sendo garimpado por ferramentas de web analytics, formando uma grande massa de dados.

E quando utilizamos a tecnologia para coletar, armazenar, interpretar e combinar os dados dessa grande massa e transformá-los em inteligência, ou seja, em informação ou conhecimento, então estamos fazendo uso do big data.

A inteligência trazida pelo big data é capaz de indicar quem está se preparando para ter filhos ou viajar, quem busca por um eletrodoméstico ou deseja trocar de apartamento. Tudo isso pela análise de dados.

Antes de explicar como o big data tem tudo a ver com a pesquisa de marketing, vamos apresentar algumas de suas características, por meio dos 5Vs (Frankenthal, 2017).

- **Volume** → o volume de dados é a característica principal do big data. E o volume de dados gerados cresce absurdamente, cada dia mais. Por isso, não adianta apenas guardá-los, é preciso extrair conhecimento deles.

- **Variedade** → a diversidade de dados coletados hoje em dia é muito grande. E eles podem ser divididos em dois grandes grupos: os estruturados e os não estruturados.

  Dados estruturados são aqueles com um formato definido, como textos e números. Dados não estruturados são mensagens de áudio, vídeos, imagens, etc. A tecnologia utilizada em big data tem o grande desafio de analisar e transformar esses dados não estruturados em informação.

- **Velocidade** → você já parou para pensar em quantos posts de redes sociais você já viu hoje? Quantos vídeos ou mensagens de texto recebeu? Quantos anúncios apareceram para você? Ou quantas compras com cartão de crédito já foram feitas só no dia de hoje? Tudo isso é transformado em dados, gerados em uma frequência enorme!

- **Veracidade** → não adianta ter uma montanha de dados se você não pode confiar neles. Por isso, é preciso se assegurar da procedência e do contexto desses dados, para que a amostra analisada seja confiável.

- **Valor** → também não adianta coletar, organizar e tratar dados se essa estratégia não for para gerar uma inteligência relevante na criação de novos produtos ou na condução de uma estratégia de marketing.

Unindo todas essas características, temos uma poderosa ferramenta em mãos. Hoje, além da aplicação em marketing, o big data também é utilizado para prevenir doenças, combater o crime, melhorar a mobilidade em grandes cidades e muito mais.

BIG DATA MARKETING

Quando a análise dessa grande massa de dados tem a função de complementar os esforços da pesquisa de marketing, ajudando marcas e negócios a compreender a fundo seus consumidores e a pensar em estratégias de marketing, então ela é conhecida como big data marketing.

Os grandes avanços nesse sentido estão no conhecimento de mercado, com a possibilidade de desenvolver ações mais assertivas e, claro, mais personalizadas, para cativar os clientes.

Se é possível oferecer uma chuteira para um jovem jogador de futebol de salão, por que perder tempo oferecendo a ele um tênis de corrida? E com o big data é possível saber não apenas do gosto de um consumidor por este ou aquele esporte, mas outras de suas preferências e em qual momento da jornada de compra ele se encontra.

E qual é um dos maiores ganhos com tudo isso? Operações mais baratas e, consequentemente, um lucro maior, o sonho na vida de todo proprietário de negócio. E isso sem falar na satisfação do cliente.

É importante lembrar, porém, que o big data não substitui as pesquisas de marketing com roteiros e questionários. Realizar um grupo focal, por exemplo, continua sendo válido.

A potência disso tudo está em poder combinar as inteligências, inclusive imputando dados das lojas físicas nos sistemas, levando aos tomadores de decisão um cardápio completo de informações para que as soluções de marketing sejam vencedoras.

PLANO DE MARKETING

Capítulo 11

Se temos um problema ou um desafio a resolver, especialmente na vida corporativa, o melhor jeito para transformá-lo em solução ou resultado é desenhar um plano e segui-lo. Primeiro devemos pensar no objetivo que desejamos atingir, para então definir a estratégia que vamos adotar para alcançá-lo, implementar cada fase, avaliar os resultados obtidos e extrair deles as correções ou os insights de melhoria.

Na verdade, esse é um ciclo aplicável a todas as áreas da nossa vida, em maior ou menor grau.

E como isso acontece na prática?

Montar um plano de marketing significa juntar todos os aprendizados que vimos ao longo desse livro em um plano, ou seja, administrar os recursos de marketing disponíveis. Para tanto, vamos percorrer pontos estratégicos e táticos dentro de um roteiro.

Escolhemos seguir o roteiro apresentado por Martha Gabriel (2010), mas, de forma geral, os roteiros são bem parecidos, já que obedecem ao ciclo citado anteriormente.

Neste livro, demos vários exemplos, mostramos cases de sucesso, etc. Agora, recomendamos que você pense em sua empresa, própria ou para a qual trabalha, ou desenvolva um plano de marketing sobre uma situação próxima à sua realidade. Pense em um desafio de negócio e planeje como o marketing e suas diversas ferramentas podem contribuir para gerar resultados.

Mãos à obra?

ROTEIRO DE UM PLANO DE MARKETING

INTRODUÇÃO

Na introdução de um plano de marketing, o importante é contextualizar a empresa, o produto ou serviço e os problemas envolvidos. Portanto, trata-se de uma visão geral que deve agrupar:

- o contexto da empresa ou do produto/serviço;
- os motivos que levaram à elaboração de um plano de marketing;
- quais objetivos se pretende atingir;
- como serão abordadas as análises no plano;
- quais estratégias de marketing o plano apresentará.

ANÁLISE DO MACROAMBIENTE

Segue-se então para a análise do macroambiente e de como suas variáveis afetam ou não o negócio ou produto. Isso porque, como vimos, alguns contextos, como crises ou novas tecnologias, podem ser positivos para algumas empresas e negativos para outras.

Esse levantamento, lembrando, vai compor a nossa análise de forças e fraquezas, e deve ser muito bem elaborado (ver capítulo 2).

ANÁLISE DO MICROAMBIENTE

Partimos para as variáveis do microambiente. Nessa fase, é preciso considerar o mercado, a concorrência e o público-alvo (ver capítulo 2).

ANÁLISE DO AMBIENTE INTERNO/PRODUTO

Assim como olhamos para fora, seja no macro ou no microambiente, também é necessário olhar para dentro. Nessa próxima fase, o profissional de marketing precisa analisar cuidadosamente o ambiente interno da empresa.

Isso significa colocar no papel o que se refere à marca, departamentos, funcionários, instalações, atendimento, preços, produto, praça, promoção. Boa parte do que analisamos para os concorrentes agora deve ser analisado internamente: o posicionamento do produto ou serviço no mercado e suas tendências; a avaliação dos 4Ps no momento atual, detalhando tudo para que sejam percebidas as oportunidades de modificações ou melhorias em um momento seguinte do plano; a imagem do produto ou da marca perante o público; a identificação da situação financeira da empresa e formas possíveis para melhorar a lucratividade.

ELABORAÇÃO DA MATRIZ SWOT

Chega então o momento de elaborar a matriz de forças e fraquezas, ameaças e oportunidades, a famosa matriz SWOT, ou FOFA.

Da análise do ambiente interno/produto, retiramos as forças e as fraquezas do nosso negócio/produto. E das análises do macro e microambiente, retiramos as oportunidades e as ameaças para compor a matriz (ver capítulo 2).

A expectativa é que o desenho da matriz traga à tona, de forma mais clara, os objetivos que queremos trabalhar com o plano tático de marketing.

OBJETIVOS E METAS DE MARKETING

Nessa fase, já se deve ter claro quais são os problemas a resolver ou metas a alcançar com o marketing – pode ser o lançamento de um produto, o reposicionamento de marca ou o crescimento das vendas, entre outros.

Com toda a análise pronta, agora podemos pensar em objetivos de marketing quantificáveis no tempo. São exemplos:

- lançar o produto no mercado e, no tempo X, alcançar Y de vendas;
- reposicionar a marca em X meses;
- aumentar a produtividade do departamento de vendas em X% em Y meses.

E assim por diante. Então, aqui fechamos a parte estratégica e partimos para a parte tática.

ESTRATÉGIAS DE MARKETING

Nesta fase, é hora de analisar as mudanças desejadas em cada um dos Ps: produto, preço, praça e promoção. Se em algum deles não estiverem previstas modificações, basta deixar isso claro.

As análises devem conter modificações nas características, garantias e lançamentos, entre outros aspectos relacionados ao produto; alterações e novidades nas formas de pagamento e parcelamentos, entre outros aspectos relacionados ao preço; atualizações, como novas lojas, desenvolvimento de e-commerce, novos canais, etc., relacionadas à praça; e também mudanças quanto a propaganda, marketing direto e relações públicas, entre outros aspectos relacionados à promoção.

PLANOS DE AÇÃO

Para cada modificação ou novidade determinada no item anterior, deve-se elaborar um plano de ação. Aqui, pode ser que os profissionais de marketing percebam limitações, como falta de verba, para pôr um plano em prática. Então, é preciso retornar às estratégias e analisar como adequá-las.

Se pensamos, por exemplo, em desenvolver um e-commerce para a nossa loja, no plano de ação devemos considerar (Gabriel, 2010):

- O que devemos fazer para pôr em prática a estratégia?
- Que prazo temos para executar a estratégia?
- Quais serão as pessoas/departamentos responsáveis por desenvolver a estratégia?
- Quanto essa estratégia custará para a empresa?

ORÇAMENTO E CRONOGRAMAS

Alguns profissionais de marketing correm de tarefas relacionadas a gráficos e números, mas é preciso saber realizá-las bem.

Nessa etapa, vamos elaborar um cronograma definindo os prazos para cumprimento dos planos de ação propostos, bem como planificar os custos e projetá-los ao longo do período de execução, analisando a viabilidade de execução da estratégia.

Nessa fase, podem aparecer limitações, que devem ser avaliadas e adequadas aos recursos disponíveis. De nada adianta ter um plano maravilhoso no papel e não conseguir cumpri-lo no dia a dia, não é mesmo?

AVALIAÇÃO E CONTROLE

Cada ação proposta deve ter seus indicadores de desempenho. E nessa fase, assim como em todo o processo, é preciso acompanhar de perto esses indicadores e sugerir ajustes sempre que necessário.

É importante que tudo seja anotado e deixado como um legado para o desenvolvimento de futuros planos dentro da mesma empresa ou para o mesmo produto.

A INTELIGÊNCIA ARTIFICIAL NAS ROTINAS DE MARKETING

Capítulo **12**

Ela já está presente em nosso cotidiano e por vezes nem nos damos conta. A inteligência artificial (IA) é o hype da vez e não poderia ficar de fora deste livro. Nos carros, nos smartphones, nas redes sociais, nas ferramentas de tradução e de dados e, é claro, nas plataformas de marketing, a IA já vem provocando revoluções. E tudo isso parece estar só começando.

O tema é abrangente e tem muitas nuances. Neste capítulo, vamos nos deter em uma breve conceituação de IA, seus principais tipos, e já partir para as fontes de mercado que nos dizem como a IA está sendo incorporada às rotinas de marketing. Vamos nessa?

De acordo com a consultoria Gartner (c2024), "a inteligência artificial (IA) aplica técnicas baseadas em lógica e análise avançada, incluindo machine learning, para interpretar eventos, apoiar e automatizar decisões e realizar ações."

Em poucas palavras, a inteligência artificial é a tecnologia que busca simular a inteligência humana. Martha Gabriel (2019), uma das maiores estudiosas de inovação e tecnologia do Brasil, explica que a base da IA é a computação conexionista.

Enquanto a conexão simbólica simula o comportamento inteligente, a conexionista simula o funcionamento do cérebro humano. A grande diferença entre as duas é que a computação conexionista está focada na capacidade de resolver problemas, e não apenas em seguir regras de programação.

O QUE É MACHINE LEARNING?

Ao estudar IA provavelmente você também vai se deparar com o termo machine learning (ML). Mas o que é isso? ML é uma técnica ou campo da IA que lida com algoritmos e métodos que permitem que um programa "aprenda" à medida que obtém mais dados e melhora o seu desempenho. Sem precisar do trabalho de programadores especificando códigos, com base em dados anteriores e simulações, as máquinas tomam decisões de forma mais autônoma, otimizam processos e solucionam problemas cada vez mais complexos, como reconhecer vozes e traduzir idiomas.

> **Processamento de linguagem natural (PLN):** capacidade das máquinas de compreender e gerar linguagem humana.
>
> **Visão computacional:** envolve a análise e a interpretação de imagens e vídeos.
>
> **Mineração de dados (data *mining*):** processo que as máquinas utilizam para descobrir padrões, correlações e tendências em grandes volumes de dados, a partir de sequências, associação e agrupamento.

Para funcionar, uma IA precisa passar por quatro fases (RD Station, 2024):

1. **Coleta de dados:** a IA requer uma quantidade enorme de dados (sensores, interações on-line, bancos de dados, etc.) para conseguir "aprender" e ser treinada.

2. **Processamento:** os dados são processados e analisados por algoritmos específicos.

3. **Aprendizado:** a partir dos dados e utilizando algoritmos de aprendizado de máquina, a IA começa a identificar padrões, correlações e anomalias nos dados.

4. **Aplicação:** a IA fica pronta para realizar ações, que podem ser o reconhecimento de imagens, a tradução de textos, automações, etc.

A aplicação da IA no marketing digital já é bastante perceptível em ferramentas e estratégias como análise de dados, automação de marketing e na jornada do consumidor como um todo. Vamos conhecer algumas aplicações práticas que interferem na sua rotina como profissional de marketing?

APLICAÇÕES DE INTELIGÊNCIA ARTIFICIAL NO MARKETING DIGITAL

- **Automação de tarefas**
  O uso da IA, com responsabilidade e bom senso, permite que algumas tarefas operacionais do dia a dia sejam automatizadas, liberando tempo do profissional para ações mais estratégicas.

- **Análise de dados**
  Por sua capacidade de processar grandes quantidades de dados, a IA pode identificar padrões e tendências mais facilmente, ajudando nas decisões da equipe de marketing e de vendas. Com IA fica mais fácil prever o comportamento do consumidor e planejar campanhas.

- **Atendimento ao cliente**
  Os chatbots já estão por toda parte atendendo clientes com eficiência e em tempo real por meio do processamento de linguagem natural. Além de ajudar a resolver problemas, os chatbots coletam dados das interações, contribuindo para melhorar a experiência do cliente em diversos pontos de contato.

- **Análise de sentimento**
  A IA está cada vez mais treinada para analisar sentimentos de consumidores em postagens de redes sociais com o processamento de linguagem natural. Isso ajuda os profissionais de marketing a ter percepções e a conhecer a avaliação do público sobre serviços e produtos.

- **Criação de conteúdo**
  Ferramentas de IA, por meio de processamento de linguagem natural e machine learning, ajudam os profissionais de marketing a criar conteúdos para blogs e redes sociais e a descrever produtos e roteiros a partir do input de dados. O processo se torna mais ágil e simples. O mais importante é que essa seja uma tarefa sempre assistida e revisada por uma pessoa. A IA é só um "empurrãozinho".

- **Otimização de campanhas de mídia**
  Plataformas como Google Ads e Meta Ads já contam com IA embutida e usam machine learning para auxiliar nas estratégias de lances, otimizar o gasto com publicidade, gerar uma diversidade de criativos e ajudar a segmentar públicos considerando uma vasta quantidade de dados para aumentar a probabilidade de conversão.

··•● **Automação de marketing**

Ferramentas de automação de marketing também já utilizam machine learning para qualificar leads com muito mais precisão. Além disso, a IA tem ajudado com testes A/B cada vez mais sofisticados e eficazes, com diferentes versões de campanhas de marketing.

VOCÊ JÁ OUVIU FALAR EM DISCRIMINAÇÃO ALGORÍTMICA?

Até aqui vimos alguns benefícios da inteligência artificial nas rotinas de marketing. E, de fato, seu uso com responsabilidade e bom senso pode otimizar nosso trabalho.

Mas não podemos finalizar este capítulo sem alguns alertas. Afinal, toda inovação tecnológica carrega consigo desafios e dualidades. Cabe sempre a nós, pessoas, estabelecer limites e formas de uso para uma convivência pacífica e duradoura.

Uma das principais preocupações com o uso de IA é a discriminação algorítmica, ou seja, o viés dos algoritmos, que podem perpetuar preconceitos e levar a decisões discriminatórias, a depender de como as ferramentas foram treinadas. Esse é um tema bastante discutido na área de recursos humanos e na justiça criminal.

Além disso, o crescimento vertiginoso da IA também despertou debates sobre privacidade, já que é preciso uma quantidade massiva de dados para alimentar os sistemas. Mas que dados são esses? De onde vêm? Para onde vão? As empresas são transparentes?

Por fim, outro ponto de atenção é o possível aumento da desigualdade social, já que essa tecnologia chega mais rápido às pessoas mais privilegiadas e acaba por excluir aquelas em situação de maior vulnerabilidade social.

Enquanto as regulamentações de inteligência artificial avançam, é preciso adotar a tecnologia com cautela, sempre mantendo práticas éticas em cada contexto.

MARKETING POR UM MUNDO MELHOR

Capítulo **13**

Não é absurdo dizer que paira sobre o marketing o estereótipo de área aproveitadora, enganadora, que usa mensagens manipuladoras para prometer o que não consegue cumprir. A fim de conquistar novos leads ou clientes, podemos utilizar táticas pouco honestas para destravar gatilhos mentais, levando consumidores a ver escassez onde ela na verdade não existe, a acreditar em um desconto pouco cabível, etc.

Mas também é verdade que o marketing sempre encontrou seus caminhos para contribuir com um mundo melhor. Na teoria e na prática, temos exemplos de abordagens que enxergam o marketing sob uma ótica de transformação. A seguir, citamos três dessas abordagens: o marketing *human to human* (H2H), o marketing social e o marketing de causa. Vamos conhecer cada uma delas?

MARKETING HUMAN TO HUMAN

No livro *Marketing H2H: a jornada para o marketing human to human*, Kotler *et al.* (2024) defendem que o marketing sofre uma crise de confiança. Para os autores, essa crise é importante, já que as relações sociais se baseiam em confiança, a principal moeda para a sustentabilidade dos negócios. Eles explicam que há uma mudança latente no mercado, da centralidade do produto para a centralidade do serviço. E, quando falamos em serviço, falamos diretamente sobre pessoas e suas experiências.

Se não há confiança, o que nos resta?

Para se adaptar a essa mudança, os autores sugerem uma jornada voltada a um marketing de humano para humano, ou seja, uma prática dedicada à cocriação de valor junto com os clientes e à comunicação adequada das ofertas.

> De uma mera relação de produtor-consumidor, a humanização das marcas e a perspectiva de serviços fazem com que as relações entre empresas e pessoas sejam mais intensas e, com isso, a necessidade de confiança e credibilidade aumenta. Para se relacionar é preciso, antes de mais nada, confiar (Kotler *et al.*, 2024, p. 22).

O marketing H2H busca atender à centralidade dos serviços e à humanização das marcas, considerando uma prática de marketing mais focada nas pessoas e em relações de confiança.

Kotler *et al.* (2024) explicam que no centro do marketing H2H estão três teorias: a lógica dominante dos serviços, a digitalização e o design thinking. A seguir, um breve resumo sobre cada uma delas.

- **Lógica dominante de serviços →** o consumidor participa ativamente da criação de valor a partir de ecossistemas colaborativos, e a experiência do consumidor (CX) assume um papel de suma importância.

- **Digitalização →** atendimento mais humanizado a partir de IA e novas tecnologias que permitem individualizar melhor as demandas e os contatos. É um prerrequisito técnico do marketing H2H.

- **Design thinking →** uma abordagem centrada no ser humano, mais complexa, que vai além de forma e layout ou mesmo de uma resolução técnica. Busca insights profundos a partir de processos de inovação com experiências frequentes. As necessidades e os requisitos do consumidor são centrais.

O marketing H2H implica deixar de pensar no produto como o centro do nosso trabalho para passar a pensar mais nas pessoas. Por isso, a complexidade cresce. Uma visão mais ampla e holística do profissional de marketing passa a ser exigida. Para os criadores do marketing H2H, agora precisamos identificar as relações entre a empresa e seus múltiplos stakeholders, incluindo a comunidade ao redor: "É uma visão mais estratégica e comunitária, mais de longo prazo, focada na cocriação de valor" (Kotler *et al.*, 2024, p. 24).

Como você se sente para encarar essa nova visão?

MARKETING SOCIAL

- **"O marketing social procura desenvolver e integrar conceitos de marketing com outros métodos para influenciar comportamentos que beneficiem indivíduos e comunidades, promovendo a melhoria da sociedade como um todo" (International Social Marketing Association, c2024).**

Desde a década de 1970, o marketing social é uma disciplina por si só. Resumidamente, ela consiste em aplicar as ferramentas de marketing comercial para influenciar comportamentos para o bem do planeta, da sociedade e das pessoas (Lee; Kotler, 2020).

Enquanto o alvo do marketing comercial é a venda de produtos e serviços que resultam em ganho financeiro, o marketing social almeja um ganho individual ou social.

Vamos a alguns exemplos. O marketing social pode fazer campanhas para que as pessoas *rejeitem* um comportamento potencialmente indesejável, como fumar cigarros eletrônicos; *aceitem* um novo comportamento, como aumentar o consumo de alimentos orgânicos; *modifiquem* um comportamento atual, como passar a usar as escadas em vez do elevador; ou *abandonem* um comportamento antigo indesejável, como mexer no celular ao volante.

Em 2024, por exemplo, diante da popularização dos cigarros eletrônicos no Brasil e suas maléficas consequências à saúde dos nossos jovens, a Fundação do Câncer, em parceria com o braço social da Associação Nacional das Universidades Particulares (Anup), lançou a campanha "Movimento Vape Off: se liga na vida!". A campanha visava conscientizar sobre os riscos do cigarro eletrônico, além de influenciar políticas públicas e gerar um sentimento de pertencimento dos jovens na luta contra o vape, mudando seus comportamentos.

Se você trabalha com marketing para o setor público, muito provavelmente terá a chance de colocar em prática o marketing social.

MARKETING DE CAUSA

Desde que iniciei a minha empresa de marketing digital, senti certa paixão por clientes comprometidos com causas sociais e ambientais. Talvez por isso, nos últimos anos, tive a chance de presenciar o amadurecimento do marketing de causa.

Essencialmente, o marketing de causa é a estratégia de marketing que uma empresa adota quando se junta a uma causa. Um exemplo capaz de deixar esse conceito bem simples é o McDia Feliz do McDonald's, quando toda a renda de um dia de vendas do Big Mac é revertida a causas sociais.

Nos últimos anos, porém, uma sigla bem importante vem mudando drasticamente o posicionamento das empresas nesse sentido. Afinal, já não basta apoiar uma causa esporadicamente, em uma campanha anual ou uma ação isolada. Agora, sociedade e mercado cobram das empresas para que estejam em dia com as chamadas práticas ESG (*environmental, social, and governance*, na sigla em inglês), ou seja, com práticas ambientais, sociais e de governança.

Isso significa um olhar 360 graus da empresa para o seu impacto positivo na sociedade e no planeta. Surge a exigência de comprometimento com o bem-estar da comunidade, com a procedência justa e sustentável das matérias-primas e com inclusão e diversidade na governança corporativa, apenas para citar alguns exemplos.

As pesquisas comprovam. Segundo dados do Instituto de Auditoria Independente do Brasil e da PwC Brasil (2023a), em 2023, 91% das empresas de capital aberto na B3 apresentaram algum tipo de relatório relacionado a aspectos ESG. Isso porque a B3 conta com o Índice de Sustentabilidade Empresarial, o ISE B3, um indicador do desempenho médio das cotações dos ativos de organizações selecionadas pelo seu reconhecido comprometimento com as práticas ESG.

E se o mercado cobra de um lado, os consumidores também estão cobrando de outro. Um estudo do Google, feito em parceria com o Sistema B, revelou que quatro em cada cinco consumidores brasileiros acham importante a empresa apoiar causas ambientais, sociais e de governança, independentemente da sua área de atuação (Sitta; Priolli; Gherardi, 2022). Em complemento, outra pesquisa da PwC Brasil (2023b) apontou que os consumidores não só acham importante como dão preferência a marcas que apoiam causas sociais (75%) e ambientais (76%).

Podemos dizer que o consumidor deseja um papel muito mais ativo das marcas. Por isso, o marketing de causa agora precisa ter uma visão mais holística de como a empresa pode gerar impacto positivo por meio de suas práticas, sempre alinhando os propósitos ESG ao negócio da empresa.

Em 2020, a Natura, já reconhecida por ser uma marca ambientalmente responsável, foi além e lançou uma metodologia própria chamada Integrated Profit and Loss (IP&L), que transforma em métricas tudo o que a empresa faz a partir de três pilares de impacto (seja ele positivo ou negativo): o capital social, o capital ambiental e o capital humano. Desde então, a empresa é capaz de medir financeiramente o seu impacto na sociedade. No relatório de 2023, por exemplo, a Natura pôde divulgar o seguinte dado, até então sem precedentes no mercado: para cada R$1, 00 de receita gerada, a marca gera um retorno líquido de R$1, 50 em impacto positivo. Interessante, não é mesmo?

Esse tipo de posicionamento vai muito além de uma atuação isolada de responsabilidade social corporativa ou de uma ação pontual de marketing de causa. Os profissionais de marketing serão cada vez mais cobrados para que saibam conquistar clientes e o mercado com uma visão integrada da marca e suas práticas ESG. E empreendedores, independentemente do tamanho da empresa, devem redobrar seus cuidados para adotar e refletir uma causa de "dentro para fora", de forma genuína.

Por fim, vale lembrar que não será o marketing o responsável por resolver as crises do mundo. No entanto, cabe a nós usar nosso conhecimento, ferramentas e estratégias para gerar engajamento e tomada de consciência para causas importantes, assumindo com seriedade a contribuição da nossa profissão nessa jornada por um mundo melhor.

LEI GERAL DE
PROTEÇÃO
DE DADOS
PESSOAIS

Capítulo **14**

Para segmentar, se posicionar e se relacionar com clientes, estamos sempre interagindo com dados pessoais. Por muitos anos, essa interação aconteceu de forma desorganizada, sem muita preocupação com questões importantes como privacidade, acesso à informação, dados sensíveis, etc.

Mas em 2018 essa realidade teve uma reviravolta. Inspirado no Regulamento Geral sobre a Proteção de Dados (RGPD) da União Europeia, o Brasil sancionou a Lei Geral de Proteção de Dados Pessoais, mais conhecida como LGPD (Lei nº 13.709). Considerada um verdadeiro marco regulatório, a LGPD trouxe regras mais rigorosas para coleta, uso, processamento e armazenamento de dados pessoais.

Antes de nos aprofundarmos na lei, vamos entender o que são dados pessoais e dados sensíveis? Esses dois conceitos são a base para compreender a LGPD e saber como aplicá-la ao nosso trabalho de marketing.

O que são dados pessoais?
De forma bem simplificada, são dados como CPF, RG, gênero, data e local de nascimento, telefone, endereço, foto, prontuário de saúde, cartão bancário, renda, histórico de pagamento, endereço IP, preferências de consumo, cookies de navegador, entre outros, que permitem identificar direta ou indiretamente um indivíduo (Sebrae, 2023).

E o que são dados sensíveis?
Já os dados sensíveis são aqueles que, de alguma forma, podem levar à discriminação do indivíduo. Alguns exemplos: informação genética ou biométrica, origem racial ou étnica, opinião política, convicção religiosa, dados sobre saúde ou vida sexual de alguém, entre outros (Sebrae, 2023). Esses dados recebem um tratamento especial com a LGPD.

O QUE É A LGPD?

Ao estabelecer regras para coleta, uso, tratamento e processamento de dados pessoais, especialmente dados sensíveis, a LGPD traz mais proteção para empresas e clientes. Como afirma o próprio texto da lei, a LGPD tem "o objetivo de proteger os direitos fundamentais de liberdade e de privacidade e o livre desenvolvimento da personalidade da pessoa natural" (Brasil, [2024]). Seus princípios fundamentais são:

- o respeito à privacidade;
- a autodeterminação informativa;
- a liberdade de expressão, de informação, de comunicação e de opinião;
- a inviolabilidade da intimidade, da honra e da imagem;
- o desenvolvimento econômico e tecnológico e a inovação;
- a livre iniciativa, a livre concorrência e a defesa do consumidor; e
- os direitos humanos, o livre desenvolvimento da personalidade, a dignidade e o exercício da cidadania pelas pessoas naturais.

A LGPD existe para estabelecer limites na coleta, no uso e no processamento de dados pessoais a fim de proteger a privacidade, a intimidade, a imagem e os direitos humanos. Esses princípios vinham sendo feridos sobretudo na internet, em sites e formulários que capturavam, armazenavam e utilizavam dados pessoais indiscriminadamente, sem critérios transparentes para seus clientes.

O QUE MUDA PARA O MARKETING DIGITAL?

O trabalho de marketing digital certamente foi um dos mais afetados pela LGPD. Afinal, nossa atuação tem como base a comunicação com os clientes, e isso só é possível com a coleta de dados pessoais. Já imaginou não poder se comunicar com seus clientes por WhatsApp ou e-mail?

Assim como outras áreas, a partir da LGPD o marketing precisou rever seus processos, adotando medidas de segurança e práticas mais transparentes para coletar e usar dados de clientes.

A seguir, listo algumas ações importantes a serem observadas por equipes de marketing digital (Bastos, 2023; Castro&Vale, 2021).

POLÍTICA DE PRIVACIDADE

A política de privacidade é uma das primeiras práticas a serem adotadas pelas empresas, independentemente do porte. É um documento que deve conter, de forma clara e objetiva, como a empresa vai coletar, armazenar e tratar os dados pessoais. A política deve ficar disponível em um local de fácil acesso, como o site institucional.

POLÍTICA DE COOKIES

Hoje em dia é quase impossível entrar em um site e não ter que aceitar a política de cookies, não é mesmo? Os cookies são arquivos digitais criados por navegadores (Chrome, Safari, Firefox, etc.), que armazenam informações dos caminhos que você percorre na internet (caso sejam autorizados).

É a partir dos cookies que as empresas têm acesso a dados sobre comportamento e preferências dos usuários e podem melhorar a experiência de navegação, criar campanhas de marketing e ter métricas mais assertivas.

Por essa explicação, já dá para perceber como os cookies têm um peso em todo esse papo de dados pessoais. Por isso, agora as empresas precisam ter também uma política de cookies em seu site, com consentimento granular (ou seja, o usuário pode escolher quais cookies podem ou não estar ativos e coletar informações).

BASES LEGAIS

Dependendo de como os dados pessoais são coletados, há bases legais distintas para que possam ser utilizados, e apenas para os fins específicos. No contexto do marketing digital, as duas bases legais mais importantes são o consentimento e o legítimo interesse.

BASE LEGAL POR CONSENTIMENTO

Frequentemente, criamos iscas de conteúdo para captar leads a partir de formulários de contato. Com a LGPD, esse tipo de ação precisa conter um campo específico de consentimento expresso para determinado uso dos dados. É a famosa caixa de seleção contendo "Autorizo o uso dos meus dados para...".

O consentimento deve ser livre, informado e inequívoco. Se o consentimento é para uso em e-mail marketing, o dado deve ser usado apenas para esse fim. Não cabe, por exemplo, pedir dados adicionais como telefone ou endereço. Atenção!

E assim como o consentimento, a revogação do consentimento também deve ser explícita. Conforme a LGPD, o usuário pode decidir deixar de compartilhar seus dados com a empresa. Uma boa prática é o descadastramento da lista de e-mail marketing ou uma página de preferências de contato em que o usuário escolhe em quais segmentos ainda aceita manter um relacionamento com a empresa.

BASE LEGAL POR LEGÍTIMO INTERESSE

No caso do legítimo interesse, não há necessidade de consentimento expresso para uso dos dados pessoais, mas deve haver uma finalidade legítima para esse uso. Por ser mais genérica, essa base deve ter um uso mais criterioso. O legítimo interesse pode ser aplicado, por exemplo, em casos de marketing direto, quando já há um relacionamento preestabelecido entre cliente e empresa.

O QUE MUDA PARA PEQUENAS EMPRESAS?

Algum tempo depois de publicada, a LGPD foi revisada para que os pequenos negócios tivessem um tratamento diferenciado. Isso porque a lei trazia exigências difíceis de serem implementadas por micro e pequenas empresas (MPEs), como a necessidade de um profissional encarregado pelo tratamento de dados pessoais.

Por isso, em janeiro de 2022, foi lançada pela Autoridade Nacional de Proteção de Dados (ANPD) a Resolução CD/ANPD nº 2, fruto de uma parceria entre Sebrae e outras entidades que advogaram pela necessidade de adaptação da lei.

Além da dispensa de nomear o encarregado (também conhecido como DPO, *data protection officer*), as MPEs tiveram flexibilização dos prazos para o tratamento de dados e simplificação no relatório de impacto. Também foi dispensada a obrigação de eliminar, anonimizar ou bloquear dados excessivos, e as MPEs ainda passaram a contar com guias e orientações específicas para ajudá-las na adequação à LGPD (Sebrae, 2023).

QUAIS SÃO AS PENALIDADES DA LGPD?

Como toda lei, a LGPD prevê sanções a quem não cumpre suas normas. Essas penalidades são aplicadas pela ANPD.

Multa
A LGPD prevê uma multa de 2% do faturamento global anual da empresa, com teto de até 50 milhões de reais (multa máxima) para violações mais graves (Sebrae, 2023).

Outras penalidades
Entre outras penalidades, a empresa que descumprir a LGPD pode:

- ter um prazo definido para adotar as medidas cabíveis;
- ter os dados bloqueados até a regularização;
- ter o banco de dados suspenso por até seis meses;
- ser obrigada a publicar a infração.

BOAS PRÁTICAS

A seguir, deixo um pequeno roteiro para você começar a avaliar seu trabalho de marketing digital em relação ao tratamento de dados.

- Minha empresa entende a seriedade de lidar com dados pessoais, sobretudo os sensíveis, e como isso pode afetar a privacidade, a intimidade e o livre desenvolvimento de uma pessoa?
- Minha empresa coleta e trata apenas dados necessários para o trabalho e não guarda dados supérfluos dos clientes?
- Nossos clientes são informados de forma clara e transparente sobre como seus dados são utilizados pela empresa por meio da política de privacidade, política de cookies, consentimento e demais ferramentas?
- Minha empresa tem consciência de que é crime, pela LGPD, comprar listas de e-mails para envios de e-mail marketing?
- Nossos sites, formulários e e-mails estão adequados às normas da LGPD?

Ao longo dessas páginas, percorremos conceitos fundamentais ao marketing. Partimos dos seus primórdios, contemplamos suas bases com autores como Kotler e, por meio da experiência de mercado, trouxemos as atualizações necessárias ao trabalho integrado com o marketing digital.

Cruzar esse caminho pareceu essencial quando percebemos que conceitos como os 4Ps, embora permaneçam fundamentais e sejam abordados em extensas coleções bibliográficas, costumam ser pouco relacionados ao marketing digital. Temos, sim, uma infinidade de obras com os fundamentos do marketing, mas na maioria das vezes dissociadas dos conceitos do meio digital. Isso, a nosso ver, não se sustenta.

Digital e tradicional hoje se misturam e complementam, estão integrados em qualquer estratégia. Por isso, ao longo do livro, abordamos exaustivamente termos como "atualização".

Capítulo a capítulo, detalhamos os 4Ps, bem como os principais fundamentos do marketing "tradicional", completando-os com as estratégias e ferramentas digitais a fim de contemplar em uma só obra os fundamentos do marketing para o ambiente off e on-line.

Trouxemos inclusive um capítulo sobre o inbound marketing, estratégia de marketing de conteúdo integrada a vendas que tem tido muita aceitação no mercado digital contemporâneo.

Apenas fazemos a ressalva de que é importante buscar sempre mais atualizações para esses conceitos. Com o digital, as inovações são muito rápidas, e uma característica inerente ao profissional de marketing é estar sempre atento às mudanças.

De qualquer forma, queremos deixar algumas dicas finais, baseadas na experiência da autora, que viu nascer as mídias digitais e respira esse ambiente cotidianamente.

Em primeiro lugar, busque estudos mais aprofundados sobre a cultura da internet, a sociologia das redes sociais e inteligência artificial, por exemplo. Com o tempo, você perceberá que as ferramentas e as tecnologias mudam, mas os conceitos que regem o marketing e as relações são essencialmente os mesmos.

Outra dica é estar atento aos novos termos que surgem. Hoje em dia, existem até expressões como "matemarketing", que sinaliza bem como uma das tendências mais fortes em marketing é saber analisar o grande volume de dados extraídos das ações e dar significado a eles em um ambiente de negócio. Ser um profissional guiado por dados (*data driven*) é uma forte tendência no mercado digital.

E, por fim, esteja atento para nunca dissociar o marketing de toda a estratégia de negócio de uma empresa. O marketing não pode e não deve ser um departamento isolado. Ele necessita conversar com vendas, produtos, sucesso do cliente, etc.

Este livro termina aqui, mas permanece meu desejo de muita boa sorte para você que me acompanhou nessa jornada. Mãos à obra e bom trabalho!

REFERÊNCIAS

ABREU, L. Entenda como estruturar a jornada do cliente até a conversão de forma efetiva. **Rock Content**, [*s. l.*], 1 jul. 2022. Disponível em: https://rockcontent.com/br/blog/jornada-do-cliente/. Acesso em: 17 ago. 2024.

ACEVEDO, C. R. (org.). **Fundamentos de marketing**. Itu: Ottoni, 2009.

AMERICAN MARKETING ASSOCIATION. Definitions of marketing. **AMA**, [*s. l.*], 2013. Disponível em: https://www.ama.org/the-definition-of-marketing/. Acesso em: 21 maio 2019.

AMERICAN MARKETING ASSOCIATION. Definition of marketing research. **AMA**, [*s. l.*], 2004. Disponível em: https://www.ama.org/the-definition-of-marketing/. Acesso em: 4 jun. 2019.

ANDERSON, C. **A cauda longa**: do mercado de massa para o mercado de nicho. Rio de Janeiro: Elsevier, 2006.

ASSOCIAÇÃO BRASILEIRA DE NORMAS TÉCNICAS. **NBR 9283**: mobiliário urbano. Rio de Janeiro: ABNT, 1986.

BADENHAUSEN, K. Forbes divulga as marcas mais valiosas do mundo em 2018. **Forbes**, São Paulo, 23 maio 2018. Disponível em: https://forbes.com.br/principal/2018/05/forbes-divulga-as-marcas-mais-valiosas-do-mundo-em-2018/. Acesso em: 28 maio 2019.

BARKER, D. The first ever banner ad (& how it performs today). **Dan Barker**, [*s. l.*], 30 out. 2013. Disponível em: https://barker.co.uk/banner. Acesso em: 18 jul. 2019.

BASTOS, K. Como adequar o seu marketing digital à LGPD. **AD Fontes Advocacia**, São Luís, MA, 6 dez. 2023. Disponível em: https://adfontes.com.br/adaptando-se-a-lgpd-estrategias-de-marketing-digital-em-uma-nova-era/. Acesso em: 4 ago. 2024.

BOLINA, L. Case Havaianas: o papel de um bom conteúdo no reposicionamento de marca. **Rock Content**, [*s. l.*], 15 abr. 2021. Disponível em: https://rockcontent.com/br/blog/case-havaianas/. Acesso em: 2 dez. 2024.

BRASIL. Autoridade Nacional de Proteção de Dados. **Guia orientativo para segurança da informação para agentes de tratamento de pequeno porte**: versão 1.0. Brasília, DF: ANPD, 2021. Disponível em: https://www.gov.br/anpd/pt-br/documentos-e-publicacoes/guia-vf.pdf. Acesso em: 4 ago. 2024.

BRASIL. **Lei nº 13.709, de 14 de agosto de 2018**. Lei Geral de Proteção de Dados (LGPD). Brasília, DF: Presidência da República, [2024]. Disponível em: https://www.planalto.gov.br/ccivil_03/_ato2015-2018/2018/lei/l13709.htm. Acesso em: 4 ago. 2024.

CARVALHO, H. Os Ps e os Cs do mix de marketing: elementos essenciais para conquistar o mercado na era do marketing 4.0. **Medium**, [*s. l.*], 14 mar. 2017. Disponível em: https://medium.com/@viverdeblog/os-ps-e-os-cs-do-mix-de-marketing-elementos-essenciais-para-conquistar-o-mercado-na-era-do-399244c861fc. Acesso em: 5 jun. 2019.

CASTRO, I. N. O que é marketing de relacionamento e por que ele é importante para sua empresa. **Rock Content**, [*s. l.*], 7 jun. 2022. Disponível em: https://rockcontent.com/br/blog/marketing-de-relacionamento/. Acesso em: 17 ago. 2024.

CASTRO, I. N. O que são os canais de marketing? Veja tudo que você precisa saber sobre o assunto e como escolher esses canais. **Rock Content**, [*s. l.*], 28 set. 2016. Disponível em: https://rockcontent.com/blog/canais-de-marketing/. Acesso em: 5 jun. 2019.

CASTRO&VALE. Como a LGPD afeta o marketing digital da sua empresa. **Jusbrasil**, [*s. l.*], 2021. Disponível em: https://www.jusbrasil.com.br/artigos/como-a-lgpd-afeta-o-marketing-digital-da-sua-empresa/1275027822. Acesso em: 4 ago. 2024.

CAZÉ, G. Customer centricity: 7 maneiras de colocar o cliente no centro do seu negócio. **CS Academy**, [*s. l.*], 21 dez. 2022. Disponível em: https://www.csacademy.com.br/blog/customer-centricity-10-maneiras-de-colocar-o-cliente-no-centro-do-seu-negocio/. Acesso em: 17 ago. 2024.

CHURCHILL JR., G. A.; PETER, J. P. **Marketing**: criando valor para os clientes. 3. ed. São Paulo: Saraiva, 2012.

CIOREVIEW. Omnichannel marketing: a perfect approach for business growth. **CIOReview**, [*s. l.*], 12 mar. 2019. Disponível em: https://www.cioreview.com/news/omnichannel-marketing-a-perfect-approach-for-business-growth-nid-28204-cid-51.html. Acesso em: 5 jun. 2019.

COELHO, F. **Fidelizando o cliente na prática**: estratégias e métodos para negócios avançarem na retenção de clientes. [*S. l.*]: Autores do Brasil, 2022.

CURVELO, R. Inteligência artificial: guia completo sobre os impactos no marketing. **HubSpot**, [*s. l.*], 8 nov. 2023. Disponível em: https://br.hubspot.com/blog/marketing/inteligencia-artificial-marketing. Acesso em: 27 nov. 2024.

DANTAS, J. G. D. O que é, afinal, relações públicas? *In*: CONGRESSO DE CIÊNCIAS DA COMUNICAÇÃO NA REGIÃO SUL, 17., 2016, Curitiba. **Anais** [...]. São Paulo: Intercom, 2016. Disponível em: http://www.portalintercom.org.br/anais/sul2016/resumos/R50-0627-1.pdf. Acesso: 5 jun. 2019.

DINO. O crescimento da indústria de games no Brasil. **Exame**, São Paulo, 10 ago. 2018. Disponível em: https://exame.abril.com.br/negocios/dino/o-crescimento-da-industria-de-games-no-brasil/. Acesso em: 29 maio 2019.

DOOLEY, R. What is Neuromarketing? **Neuromarketing**, [*s. l.*], 2006. Disponível em: https://www.neurosciencemarketing.com/blog/articles/what-is-neuromarketing.htm. Acesso em: 24 maio 2019.

FARAH, O. E.; SILVA, D. Segmentação de mercado. *In:* ACEVEDO, C. R. (org.). **Fundamentos de marketing**. Itu: Ottoni, 2009.

FILGUEIRAS, L. *et al.* X-gov planning: how to apply cross media to government services. *In*: INTERNATIONAL CONFERENCE ON THE DIGITAL SOCIETY, 2., 2008, Sainte Luce. **Proceedings** [...]. [*S. l.*]: IEEE, 2008. p. 140-145.

FRANKENTHAL, R. Entenda o que é big data marketing, seus 5V's e confira 2 estudos de caso. **MindMiners**, São Paulo, 11 maio 2017. Disponível em: https://mindminers.com/blog/o-que-e-big-data-marketing/. Acesso em: 30 maio 2019.

GABRIEL, M. Estratégias digitais de marketing. **Martha Gabriel**, [*s. l.*], 6 jan. 2012. Disponível em: https://www.martha.com.br/estrategias-digitais-de-marketing-2/. Acesso em: 5 jan. 2019.

GABRIEL, M. **Marketing na era digital**: conceitos, plataformas e estratégias. São Paulo: Novatec, 2010.

GABRIEL, M. **Você, eu e os robôs**: pequeno manual do mundo digital. São Paulo: Atlas, 2019.

GARTNER. O que é inteligência artificial? **Gartner**, [*s. l.*], c2024. Disponível em: https://www.gartner.com.br/pt-br/temas/inteligencia-artificial. Acesso em: 28 nov. 2024.

GRAZIELE, J. Os novos 4Ps do marketing moderno. **Digitalks**, São Paulo, 30 out. 2017. Disponível em: https://digitalks.com.br/artigos/os-novos-4ps-do-marketing-moderno/. Acesso em: 29 maio 2019.

GREENE, V. What Freud can teach us about neuromarketing. **Neuromarketing**, [*s. l.*], 2017. Disponível em: https://www.neurosciencemarketing.com/blog/articles/freud-neuromarketing.htm. Acesso em: fev. 2019.

GRÖNROOS, C. **Marketing**: gerenciamento e serviços. 2. ed. Rio de Janeiro: Elsevier, 2004.

HALLIGAN, B.; SHAH, D. **Inbound marketing**: seja encontrado usando o Google, a mídia social e os blogs. São Paulo: Atlas, 2010.

HARDY, James. The history of marketing: from trade to tech. **History Cooperative**, [*s. l.*], 14 set. 2016. Disponível em: https://historycooperative.org/the-evolution-of-marketing-from-trade-to-tech/. Acesso em: 6 jan. 2019.

HILSON, Shannon. Unpacking key content marketing trends for 2024. **Rock Content**, [*s. l.*], 16 dez. 2023. Disponível em: https://rockcontent.com/blog/content-marketing-trends-2/. Acesso em: 18 de agosto de 2024.

HUBSPOT. O que é inbound marketing? **HubSpot**, [*s. l.*], 5 dez. 2023. Disponível em: https://br.hubspot.com/inbound-marketing. Acesso em: 14 mar. 2019.

IKEA lança aplicativo de realidade aumentada que mostra como os móveis ficariam em casa. **Pequenas Empresas & Grandes Negócios**, [*s. l.*], 20 set. 2017. Disponível em: https://revistapegn.globo.com/Tecnologia/noticia/2017/09/ikea-lanca-aplicativo-de-realidade-aumentada-que-mostra-como-os-moveis-ficariam-em-casa.html. Acesso em: 30 maio 2019.

INTERNATIONAL SOCIAL MARKETING ASSOCIATION. What is social marketing? **iSMA**, [*s. l.*], c2024. Disponível em: https://isocialmarketing.org/social-marketing-definition-translations/. Acesso em: 28 nov. 2024.

JENKINS, H. **Cultura da convergência**. 2. ed. São Paulo: Aleph, 2009.

JOKURA, T. Como Veneza foi construída. **Superinteressante**, [*s. l.*], 22 fev. 2024. Disponível em: https://super.abril.com.br/mundo-estranho/como-veneza-foi-construida/. Acesso em: 29 maio 2019.

JUBRAM, Gabriela. Experiências imersivas de realidade virtual e aumentada rompendo fronteira digital x offline. **E-Commerce Brasil**, [*s. l.*], 6 jul. 2023. Disponível em: https://www.ecommercebrasil.com.br/artigos/experiencias-imersivas-de-realidade-virtual-e-aumentada-rompendo-fronteira-digital-x-offline. Acesso em: 4 dez. 2024.

KANTAR. A busca do consumidor por diversificar seus canais de compra estabiliza. **Kantar**, [*s. l.*], 2024. Disponível em: https://www.kantar.com/brazil/inspiration/consumo/2024-wp-canais-de-venda-bra. Acesso em: 4 dez. 2024.

KOTLER, P. **Administração de marketing**: a edição do novo milênio. 10. ed. São Paulo: Prentice Hall, 2000.

KOTLER, P. **Administração de marketing**: análise, planejamento, implementação e controle. 4. ed. São Paulo: Atlas, 1994.

KOTLER, P. **Marketing**. São Paulo: Atlas, 1987.

KOTLER, P.; KARTAJAYA, H.; SETIAWAN, I. **Marketing 3.0**: as forças que estão definindo o novo marketing centrado no ser humano. Rio de Janeiro: Elsevier, 2010.

KOTLER, P.; KARTAJAYA, H.; SETIAWAN, I. **Marketing 4.0**: do tradicional ao digital. Rio de Janeiro: Sextante, 2017.

KOTLER, P.; KELLER, K. **Administração de marketing**. 14. ed. São Paulo: Pearson Education do Brasil, 2012.

KOTLER, P. *et al*. **Marketing H2H**: a jornada para o marketing human to human. São Paulo: Benvirá, 2024.

KUSINITZ, S. The definition of social selling [in under 100 words]. **HubSpot**, [*s. l.*], 30 nov. 2017. Disponível em: https://blog.hubspot.com/marketing/social-selling-definition-under-100-words. Acesso em: 3 jun. 2019.

LEE, N. R.; KOTLER, P. **Marketing social**: influenciando comportamentos para o bem. São Paulo: Saraiva Uni, 2020.

LIMA, M. *et al*. **Marketing**. Rio de Janeiro: Editora FGV, 2012.

LINDWALL, M. Why don't buyers want to meet with your salespeople? **Forrester**, Cambridge, United States, 29 set. 2014. Disponível em: https://go.forrester.com/blogs/14-09-29-why_dont_buyers_want_to_meet_with_your_salespeople/. Acesso em: 3 jun. 2019.

LIPINSKI, Jéssica. Customer experience: conceitos, como melhorar e ferramentas. **CS Academy**, [*s. l.*], 15 set. 2020. Disponível em: https://www.csacademy.com.br/blog/o-que-e-customer-experience-um-guia-com-tudo-o-que-voce-precisa-saber-sobre-experiencia-do-cliente/. Acesso em: 4 dez. 2024.

LUIS, F. 4 grandes momentos que mudaram a história da coca-cola. **Publicitários criativos**, [*s. l.*], 26 jan. 2017. Disponível em: https://www.publicitarioscriativos.com/4-grandes-momentos-que-mudaram-historia-da-coca-cola/. Acesso em: 28 maio 2019.

MADRUGA, R. P. *et al*. **Administração de marketing no mundo contemporâneo**. 4. ed. Rio de Janeiro: Editora FGV, 2011.

MAGAROTTO, E. Do outro lado da linha. **Superinteressante**, [*s. l.*], 31 out. 2016. Disponível em: https://super.abril.com.br/tecnologia/do-outro-lado-da-linha/. Acesso em: 5 jun. 2019.

MARCHESINI, F. R. A. *et al*. (coord.). **Fundamentos de marketing**. Rio de Janeiro: Editora FGV, 2003.

MEIR, J. O futuro do marketing da sua empresa não será como você imagina. **Consumidor Moderno**, São Paulo, 8 mar. 2019. Disponível em: https://www.consumidormoderno.com.br/2019/03/08/futuro-marketing-empresa-nao-imagina/. Acesso em: 30 maio 2019.

MICROSOFT AZURE. O que é computação em nuvem? Um guia para iniciantes. **Microsoft Azure**, [*s. l.*], 2019. Disponível em: https://azure.microsoft.com/pt-br/overview/what-is-cloud-computing/. Acesso em 28 maio 2019.

NEWZOO. Brazil's games market 2018. **Newzoo**, [*s. l.*], 6 jul. 2018. Disponível em: https://newzoo.com/insights/infographics/brazil-games-market-2018/. Acesso em: 22 jul. 2019.

NEXT IDEA. Reposicionamento de marca: quais os desafios e como proceder [bônus: exemplos bem-sucedidos do mercado]. **RD Station**, Florianópolis, 5 jan. 2018. Disponível em: https://resultadosdigitais.com.br/blog/reposicionamento-de-marca/. Acesso em: 27 maio 2019.

O INCIDENTE racista que levou a Starbucks a decidir fechar todas as lojas por uma tarde nos EUA. **BBC News Brasil**, [*s. l.*], 18 abr. 2018. Disponível em: https://www.bbc.com/portuguese/geral-43805518. Acesso em: 22 maio 2019.

OLIVEIRA, C. B. *et al*. Transmídia na publicidade: o case Trakinas 3.0. **Revista Científica On-Line – Tecnologia, Gestão e Humanismo**, Guaratinguetá, v. 6, n. 1, maio 2016. Disponível em: http://www.fatecguaratingueta.edu.br/revista/index.php/RCO-TGH/article/view/127/144. Acesso em: 3 jun. 2019.

OLIVEIRA, N.; FERREIRA, P. Catador vai a restaurante de luxo com R$ 50, é atendido e viraliza. **O Tempo**, Contagem, 5 dez. 2018. Disponível em: https://www.otempo.com.br/cidades/catador-vai-a-restaurante-de-luxo-com-r-50-e-atendido-e-viraliza-1.2076733. Acesso em: 22 maio 2019.

OLIVEIRA, S. L. I. **Desmistificando o marketing**. São Paulo: Novatec, 2007.

PATEL, N. Entenda quais são os tipos de merchandising e como montar. **Neil Patel**, [*s. l.*], 18 mar. 2019a. Disponível em: https://neilpatel.com/br/blog/merchandising/. Acesso em: 5 jun. 2019.

PATEL, N. Pesquisa de marketing: o que é e por que preciso fazer uma. **Neil Patel**, [*s. l.*], 7 mar. 2018. Disponível em: https://neilpatel.com/br/blog/pesquisa-de-marketing/. Acesso em: 5 jun. 2019.

PATEL, N. Segmentação de mercado: guia completo de segmentação. **Neil Patel**, [*s. l.*], 2019b. Disponível em: https://neilpatel.com/br/blog/segmentacao-de-mercado/. Acesso em: 5 jun. 2019.

PEÇANHA, V. O que é inbound marketing? Conheça tudo sobre o marketing de atração e desenvolva estratégias para atrair e conquistar clientes. **Rock Content**, [*s. l.*], 5 ago. 2020. Disponível em: https://rockcontent.com/blog/o-que-e-inbound-marketing/. Acesso em: 5 jun. 2019.

PUTNAM, R. **Bowling alone**: the collapse and revival of American community. New York: Simon & Schuster, 2000.

PWC BRASIL. **ESG no Ibovespa**. [*S. l.*]: PwC Brasil, 2023a. Disponível em: https://www.pwc.com.br/pt/estudos/servicos/auditoria/2023/ESG_Ibovespa_2023.pdf. Acesso em: 27 nov. 2024.

PWC BRASIL. Um consumidor com propósito: engajamento e ESG. **PwC Brasil**, [*s. l.*], 2023b. Disponível em: https://www.pwc.com.br/pt/estudos/setores-atividade/produtos-consumo-varejo/2023/mercado-da-maioria/um-consumidor-com-proposito-engajamento-e-esg. html. Acesso em: 27 nov. 2024.

RD STATION. Panorama de Marketing e Vendas 2024. **RD Station**, Florianópolis, 2024. Disponível em: https://www.rdstation.com/pesquisas/panorama-marketing-vendas-2024/ marketing/tendencias/. Acesso em: 5 dez. 2024.

RECUERO, R. Plurk, twitter, conversação e redes sociais. **Raquel Recuero**, [*s. l.*], 3 ago. 2008. Disponível em: http://www.raquelrecuero.com/arquivos/2008/08/plurk-twitter-c. html. Acesso em 23 jul. 2019.

RECUERO, R. **Redes sociais na internet**. Porto Alegre: Sulina, 2009. (Coleção Cibercultura).

RESULTADOS DIGITAIS. Inbound marketing. **RD Station**, Florianópolis, 27 jun. 2016. Disponível em: https://resultadosdigitais.com.br/inbound-marketing/. Acesso em: 5 jun. 2019.

RESULTADOS DIGITAIS. O que é inteligência artificial, tipos e como funciona? **RD Station**, Florianópolis, 15 abr. 2024. Disponível em: https://www.rdstation.com/blog/ marketing/inteligencia-artificial/. Acesso em: 27 nov. 2024.

REZ, Rafael. Posicionamento de mercado: conceito fundamental de marketing. **Nova Escola de Marketing**, [*s. l.*], 18 nov. 2011. Disponível em: https://novaescolademarketing. com.br/marketing/posicionamento-conceito-fundamental-de-marketing-para-quem-trabalha-com-conteudo/. Acesso em: 5 nov. 2019.

ROCHA, A.; CHRISTENSEN, C. **Marketing**: teoria e prática no Brasil. 2. ed. São Paulo: Atlas, 1999.

ROCK CONTENT. Content Trends 2018. **Rock Content**, [*s. l.*], 2018. Disponível em: https:// materiais.rockcontent.com/content-trends. Acesso em: 4 jun. 2019.

ROSSI, A. T. **Marketing sem complicações**: para iniciantes e profissionais de outras áreas. São Paulo: Editora Senac São Paulo, 2003.

SACCHETTO, F. E-mail Marketing Trends 2018: maior pesquisa de e-mail marketing do Brasil. **Inteligência Coorporativa Rock Content**, [*s. l.*], 21 ago. 2018. Disponível em: https:// inteligencia.rockcontent.com/emailmarketing-trends-2018/. Acesso em: 5 jun. 2019.

SAMPAIO, D. Guia completo de e-commerce: tudo para iniciar e crescer sua loja virtual. **Rock Content**, [*s. l.*], 20 maio 2018. Disponível em: https://rockcontent.com/blog/e-commerce-guia/. Acesso em: 29 maio 2019.

SANTAELLA, L.; MENDONÇA, M. C. Reconfigurações da publicidade no ciberespaço: um cenário em construção. *In*: ATEM, G. N.; OLIVEIRA, T. M.; AZEVEDO, S. T. de (org.).

Ciberpublicidade: discurso, experiência e consumo na cultura transmidiática. Rio de Janeiro: E-papers, 2014.

SANTOS *et al.* O desenvolvimento do marketing: uma perspectiva histórica. **Revista de Gestão USP**, São Paulo, v. 16, n. 1, p. 89-102, 2009. Disponível em: https://www.revistas.usp.br/rege/article/download/36663/39384. Acesso em: 4/9/2019.

SEBRAE. Como fazer seu produto chegar na quantidade, horário e local corretos? **Sebrae**, [*s. l.*], 14 dez. 2022. Disponível em: https://sebrae.com.br/sites/PortalSebrae/artigos/como-definir-os-canais-de-distribuicao-do-seu-produto,bfbe7e0805b1a410VgnVCM1000003b74010aRCRD. Acesso em: 29 maio 2019.

SEBRAE. O que é a LGPD e a flexibilização para pequenos negócios. **Sebrae**, [*s. l.*], 3 maio 2023. Disponível em: https://sebrae.com.br/sites/PortalSebrae/artigos/o-que-e-lgpd-e-a-flexibilizacao-para-os-pequenos-negocios,a4d326df5c136810VgnVCM1000001b00320aRCRD. Acesso em: 4 ago. 2024.

SEGMENTAÇÃO em marketing digital: entenda o que é, sua importância e como fazer. **8D Hubify**, [*s. l.*], 28 fev. 2018. Disponível em: https://hubify.com.br/blog/segmentacao-em-marketing-digital-entenda-o-que-e/. Acesso em: 5 jun. 2019.

SITTA, L.; PRIOLLI, P.; GHERARDI, C. O que os consumidores brasileiros esperam das marcas em relação aos pilares de ESG. **Think with Google**, [*s. l.*], set. 2022. Disponível em: https://www.thinkwithgoogle.com/intl/pt-br/tendencias-de-consumo/tendencias-de-comportamento/esg-brasil-marcas-consumidor/. Acesso em: 27 nov. 2024.

SOPADJIEVA, E.; DHOLAKIA, U. M; BENJAMIN, B. A study of 46.000 shoppers shows that omnichannel retailing works. **Harvard Business Review**, [*s. l.*], 3 jan. 2017. Disponível em: https://hbr.org/2017/01/a-study-of-46000-shoppers-shows-that-omnichannel-retailing-works. Acesso em: 5 jun. 2019.

SPINA, F. Mídia programática: o que é e como implementar na prática essa forma de comprar anúncios. **RD Station**, Florianópolis, 5 out. 2018. Disponível em: https://resultadosdigitais.com.br/blog/midia-programatica/. Acesso em: 5 jun. 2019.

URDAN, F. T.; URDAN, A. T. **Gestão do composto de marketing**. São Paulo: Editora Atlas, 2006.

VAZ, C. A. **Os 8 Ps do marketing digital**: o guia estratégico de marketing digital. São Paulo: Novatec, 2011.

VISHWANATH, V.; RIGBY, D. K. Localization: the revolution in consumer markets. **Harvard Business Review**, [*s. l.*], 2006. Disponível em: https://hbr.org/2006/04/localization-the-revolution-in-consumer-markets. Acesso em: 5 jun. 2019.

WAINWRIGHT, C. The history of marketing: an exhaustive timeline [INFOGRAPHIC]. **HubSpot**, [*s. l.*], 8 ago. 2017. Disponível em: https://blog.hubspot.com/blog/tabid/6307/bid/31278/the-history-of-marketing-an-exhaustive-timeline-infographic.aspx. Acesso em: 20 maio 2019.

ÍNDICE GERAL

Agradecimentos, 9

Conclusão, 157

Inbound marketing, 109
Na era digital, o marketing pede permissão, 110
O que é o inbound marketing?, 111
    Funil AIDA e o funil de vendas do inbound, O, 112
    Metodologia do inbound marketing, A, 114
        Analisar, 118
        Atrair, 114
        Converter, 116
        Relacionar, 117
        Vender, 117
    Smarketing: integrando os times de marketing e vendas, 119
Plano de ação do inbound marketing, 120
Tendências do marketing de conteúdo, 122

Inteligência artificial nas rotinas de marketing, A, 139
Aplicações de inteligência artificial no marketing digital, 142
O que é machine learning?, 140
Você já ouviu falar em discriminação algorítmica?, 143

Introdução, 11

Lei Geral de Proteção de Dados Pessoais, 151
Bases legais, 154
    Base legal por consentimento, 154
    Base legal por legítimo interesse, 155
Boas práticas, 156

O que é a LGPD?, 152
O que muda para pequenas empresas?, 155
O que muda para o marketing digital?, 153
    Política de cookies, 154
    Política de privacidade, 153
Quais são as penalidades da LGPD?, 156

Marketing: definição e análise de ambiente, 19
Análise de ambiente, 21
    Análise da matriz SWOT ou FOFA, 26
    Macroambiente, 23
    Microambiente, 24
Conceito, 20

Marketing por um mundo melhor, 145
Marketing de causa, 148
Marketing human to human, 146
Marketing social, 147

Não pule, mergulhe na história do marketing!, 13
Como tudo começou?, 14

Nota do editor, 7

Pesquisa de marketing na era do big data, 125
Big data marketing, 132
Etapas de um projeto de pesquisa de marketing, As, 129
    Primeiro passo: definir o problema, 129
    Quarto passo: análise das informações, 130
    Quinto passo: apresentação dos resultados, 130
    Segundo passo: elaborar um projeto de pesquisa, 129
    Terceiro passo: coleta de informações, 130
O que é a pesquisa de marketing?, 126
    Tipos de pesquisa de marketing, Os, 127
O que é big data?, 131
Por que investir em uma pesquisa de marketing?, 127

Plano de marketing, 133
Roteiro de um plano de marketing, 134
    Análise do ambiente interno/produto, 135
    Análise do macroambiente, 135
    Análise do microambiente, 135
    Avaliação e controle, 137
    Elaboração da matriz SWOT, 135
    Estratégias de marketing, 136

Introdução, 134
Objetivos e metas de marketing, 136
Orçamento e cronogramas, 137
Planos de ação, 136

Precificação, 69
Como definir preços, 70
Primeiro passo: compreender o objetivo da empresa, 71
Quarto passo: analisar custos, preços e ofertas da concorrência, 74
Quinto passo: selecionar um método de determinação de preços, 74
Segundo passo: determinar a demanda, 72
Sexto passo: selecionando o preço final, 75
Terceiro passo: estimar os custos, 73
Moedas digitais, 77
Personalização de produtos, 76
Preço versus valor, 70

Produtos e serviços, 59
Características dos serviços: mundo físico e digital, 63
Percepção do consumidor sobre os serviços, 64
Produtos intangíveis, 63
Produtos tangíveis, 61
Classificações de produtos tangíveis, 62
Orientação do consumidor, 62
Periodicidade, 62
Composto dos produtos tangíveis, 61
Diferenciais, 61
Design, 61
Embalagem, 61
Marca, 61

Promoção, 93
Instrumentos de promoção, 95
Marketing direto, 99
E-mail marketing, 100
Mala direta, 99
Marketing de catálogo, 99
Telemarketing, 100
O que é promoção?, 94
Promoção de vendas, 102
Merchandising, 102
Merchandising digital/marketing de influenciadores, 103
Propaganda, 95
Campanhas em redes sociais, 97
Links patrocinados, 96

Mídia programática, 98
Programas de afiliação, 97
Relações públicas, 104
Serviço de atendimento ao cliente e o SAC 2.0, 106
Venda pessoal e venda social (social selling), 105
Transmídia e convergência, 107

Público na era digital, O, 29
Cliente no centro, O, 30
Cliente como voz da marca, O, 32
Comportamento do consumidor, 36
Fatores socioculturais, 37
Fatores pessoais, 37
Fatores psicológicos, 39
Aprendizagem, 40
Emoções, 40
Memória, 40
Motivação, 39
Neuromarketing, O, 42
Percepção, 40
Experiência do cliente, A, 46
Inversão do vetor de marketing, A, 31
Jornada de compra na era digital, A, 43
Conhecimento, 43
Consideração da solução, 44
Decisão, 44
Fidelização, 45
Mais do que cliente, ser humano, 34
Antropologia digital, A, 35

Referências, 161

Segmentação de mercado e posicionamento de marca, 49
O que significa "segmentar", 50
Personas, 52
Tipos de segmentação, 50
Organize um passo a passo para segmentar seu público, 53
Considere a influência das subculturas digitais, 54
Juventude: conquiste suas mentes, 54
Mulheres: um mercado em expansão, 54
Usuários de internet: os compartilhadores, 55
Segmentação + diferenciação = posicionamento, 56
Reposicionamento de marca, 57

Sumário, 4

Transformação dos canais de marketing, A, 79

Canais de distribuição, 81

    Atacado, 81

    Distribuidores e agentes, 82

    Varejo, 82

Compreenda os canais digitais de marketing, 83

    E-commerces e marketplaces, 84

        E-commerce B2B × e-commerce B2C, 84

        E-commerce atacadista × e-commerce varejista, 85

        E-commerce de produtos físicos × e-commerce de produtos digitais, 85

    Redes sociais, 86

        Comércio social ou s-commerce, O, 88

        Redes sociais × mídias sociais, 88

    Marketing onicanal ou omnichannel, O, 89

        O que é marketing onicanal?, 90

            O que vem por aí, em termos de tendências?, 91

Formas de distribuição, 83